The Didache & Barnabas
APOSTOLIC FATHERS GREEK READER

VOLUME 2

The Didache & Barnabas
APOSTOLIC FATHERS GREEK READER

VOLUME 2

EDITED BY
Shawn J. Wilhite
T. Michael W. Halcomb
Fredrick J. Long

INTRODUCTIONS BY
Michael A. G. Haykin
Shawn J. Wilhite

NOTES BY
Shawn J. Wilhite (The Didache)
Madison N. Pierce (Barnabas)

GlossaHouse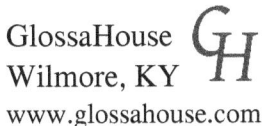
Wilmore, KY
www.glossahouse.com

The Didache & Barnabas

© GlossaHouse, LLC, 2016

All rights reserved. No part of this book may be reproduced or transmitted in any form or by any means, electronic or mechanical, in-cluding photocopying or recording, or by means of any information storage or retrieval system, except as may be expressly permitted by the 1976 Copyright Act or in writing from the publisher. Requests for permission should be addressed in writing to the following:

GlossaHouse, Inc.
110 Callis Circle
Wilmore, KY 40309
www.GlossaHouse.com

Publisher's Cataloging-in-Publication Data

Didache. Greek.

The Didache & Barnabas / edited by Shawn J. Wilhite, T. Michael W. Halcomb, Fredrick J. Long ; introductions by Michael A.G. Haykin, Shawn J. Wilhite ; notes by Shawn J. Wilhite (The Didache), Madison N. Pierce (Barnabas). – Wilmore, KY : GlossaHouse, ©2016.

xviii, 76 pages ; 22 cm. -- (AGROS) -- (AFGR Apostolic fathers Greek reader; vol. 2)

Greek text of the Didache from Kirsopp Lake's text (LCL, Cambridge: Harvard University Press, 1912-1913) and the Epistle of Barnabas from J. B. Lightfoot's text (London: Macmillan, 1881) accompanied by the English translation of many select words in footnotes. Includes bibliographical references.

ISBN 9781942697329 (paperback)
ISBN 9781942697336 (hardback)

1. Didache--Introductions. 2. Christian ethics--History--Early church, ca. 30-600. 3. Church--History of doctrines--Early church, ca. 30-600. 4. Epistle of Barnabas--Introductions.   I. Title. II. Apostolic fathers Greek reader ; vol. 2. III. Accessible Greek resources and online studies. IV. Epistle of Barnabas. Greek. V. Wilhite, Shawn J. VI. Halcomb, T. Michael W.   VII. Long, Fredrick J. VIII. Haykin, Michael A. G. IX. Pierce, Madison N.

BS2940.T4 D52 2016   270.1

Library of Congress Control Number: 2016955757

The fonts used to create this work are available from linguistsoftware.com/lgku.htm. Cover design by T. Michael W. Halcomb. Text layout and book design by T. Michael W. Halcomb and Fredrick J. Long.

This series is dedicated to all who have struggled to make Greek a regular part of their study of Scripture.

Contents

Series Introductions
   The AGROS Series   viii
   Apostolic Fathers Greek Readers Series   x

Acknowledgments   xii
A Note about the Apostolic Fathers Greek Reader   xiii
Abbreviations   xv

Introduction to The Didache   2-3
The Didache   4-19

Introduction to Barnabas   21-23
Barnabas   24-75
Additional Resources   76-80

AGROS
ACCESSIBLE GREEK RESOURCES AND ONLINE STUDIES

SERIES EDITORS
T. MICHAEL W. HALCOMB
FREDRICK J. LONG

VOLUME EDITOR
T. MICHAEL W. HALCOMB

GlossaHouse
Wilmore, KY
www.glossahouse.com

AGROS

The Greek term ἀγρός is a field where seeds are planted and growth occurs. It also can denote a small village or community that forms around such a field. The type of community envisioned here is one that attends to Holy Scripture, particularly one that encourages the use of biblical Greek. Accessible Greek Resources and Online Studies (AGROS) is a tiered curriculum suite featuring innovative readers, grammars, specialized studies, and other exegetical resources to encourage and foster the exegetical use of biblical Greek. The goal of AGROS is to facilitate the creation and publication of innovative, accessible, and affordable print and digital resources for the exposition of Scripture within the context of the global church. The AGROS curriculum includes five tiers, and each tier is indicated on the book's cover: Tier 1 (Beginning I), Tier 2 (Beginning II), Tier 3 (Intermediate I), Tier 4 (Intermediate II), and Tier 5 (Advanced). There are also two resource tracks: Conversational and Translational. Both involve intensive study of morphology, grammar, syntax, and discourse features. The conversational track specifically values the spoken word, and the enhanced learning associated with speaking a language in actual conversation. The translational track values the written word, and encourages analytical study to aide in understanding and translating biblical Greek and other Greek literature. The two resource tracks complement one another and can be pursued independently or together.

APOSTOLIC FATHERS GREEK READERS

The Apostolic Fathers are generally assigned by historians of ancient Christianity to a narrow collection of non-canonical Christian texts that date within the first and second centuries AD. This brief collection includes the letters of Clement of Rome, Ignatius of Antioch, Polycarp *To the Philippians* and *The Martyrdom of Polycarp*, the *Didache*, *Epistle of Barnabas*, *The Shepherd of Hermas*, *Diognetus*, *Fragments of Papias*, and *The Fragment of Quadratus*.

The goal of the APOSTOLIC FATHERS GREEK READER (AFGR) is to assist readers of ancient Christian literature. Each volume will provide unique and unfamiliar vocabulary for beginning students of the Greek language: words appearing 30 times or less in the NT. The AFGR is a Tier 4 Resource within the AGROS Series (Accessible Greek Resources and Online Studies) produced by GlossaHouse.

The beckoning call of Stephen Neill and Tom Wright, in *The Interpretation of the New Testament 1861–1986* (1988) undergirds the need for this series. Familiarity with these texts informs students of the New Testament and Church History regarding the birth of the Christian Church. "If I had my way," invites Neill and Wright, "at least five hundred pages of Lightfoot's *Apostolic Fathers* would be required reading for every theological student in his first year" (61). Although the AFGR is not an introduction like Lightfoot's, it nevertheless invites readers to encounter firsthand the texts of the Apostolic Fathers, thus preparing them to explore nascent Christianity.

No substitute exists for gaining mastery of reading the Greek language outside of sustained interaction with primary texts. The AFGR, we believe, will aid and encourage students and teachers to achieve this goal.

AFGR Volumes

The Letters of Ignatius Vol. 1
  — Notes by Coleman M. Ford, Robert A. van Dalen, Aaron S. Rothermel, Griffin T. Gulledge, Brian W. Davidson, Jacob N. Cerone, and Trey Moss

The Didache and Barnabas Vol. 2
  — Notes by Shawn J. Wilhite and Madison N. Pierce

Polycarp, Papias, and Diognetus Vol. 3
  — Notes by Shawn J. Wilhite, Michael T. Graham, Jr., Matthew J. Albanese, and Matthew J. McMains

1–2 Clement Vol. 4
  — Notes by Jacob N. Cerone and Jason Andersen

The Shepherd of Hermas Vol. 5
  — Notes by Adam Smith, Wyatt A. Graham, and Nathan G. Sundt

ACKNOWLEDGEMENTS

During the entire process of this project, many people deserve to be mentioned because of their help, encouragement, criticisms, and editorial eyes—especially Jonathan Pennington and Rick Brannan. The vision of the project stems from the initial encouragement of Jason Fowler.

Each contributor and editor deserves recognition for their diligence in the project—Matthew Albanese, Jason Anderson, Jacob Cerone, Roberto van Dalen, Brian Davidson, Coleman Ford, Michael Graham, Griffin Gulledge, Matthew McMains, Trey Moss, Madison Pierce, Aaron Rothermel, and Nathan Sundt. Jacob Cerone went above the expected duties by editing the *Didache* and *Martyrdom of Polycarp*. Paul Cable helped with the initial work on *The Shepherd of Hermas*.

Michael Haykin, who is both mentor and friend, kindly agreed to write the introduction to each book within the collection. Paul Smythe, professor at Golden Gate Baptist Theological Seminary, has kindly provided a list of bibliographic resources for those desiring further study in the Apostolic Fathers.

I offer special thanks to the kind folks at GlossaHouse, namely Fredrick J. Long and T. Michael W. Halcomb. Their vision for language resources has influenced this project in many beneficial ways. I am grateful for their vision for the *AFGR* project, their patience in its production, and their desire for accessible ancient language re-sources. Brian Renshaw, a dear friend, likewise, went far and above in compiling texts, vocabulary lists, and devoted countless hours to helping with this project.

Shawn J. Wilhite
Editor in the AFGR Series

A Note About the *AFGR*

We have limited the vocabulary to those words appearing in the New Testament 30 times or less—provided via Accordance Bible Software. In this way, first and second year Greek students are able to make use of the Greek reader. This is an arbitrary number and a first year Greek student can make this a personal goal.

All glosses are taken from the following works and in the following order. The glosses are, at times, not contextually determined.

1. Bauer, Walter, Frederick W. Danker, William F. Arndt, and F. Wilbur Gingrich, *A Greek-English Lexicon of the New Testament and Other Early Christian Literature*. 3rd ed. Chicago: University of Chicago Press, 2000. (BDAG)

2. Henry George Liddell and Robert Scott, *A Greek-English Lexicon*. 9th ed. with new supplement. Revised by Henry Stuard Jones and Roderick McKenzie. Oxford: Oxford University Press, 1996. (LSJ)

3. G. W. H. Lampe. *A Patristic Greek Lexicon*. Oxford: Oxford University Press, 1961.

Each entry will contain the following:

1. **Nouns:** Nominative form, Genitive ending, Article, and Gloss.

    E.g. Βάσανος, ου, ἡ, torture

2. **Adjectives:**
    (a) 2nd Declension Masculine form, 1st Decl. Feminine ending, 2nd Decl. Neuter ending, Gloss.

    E.g. ψυχρός, ά, όν, cold (lit.), without enthusiasm.

(b) 3rd Declension M/F form, 3rd Decl. Neuter ending, Gloss.

E.g. ἀσεβής, ές, impious, ungodly

3. **Verbs:**
    (a) For the Indicative, Subjunctive, or Optative Mood: Lexical Entry, Verbal Form, Mood, Voice, Person, Number, Gloss.

    E.g. ἀποδημέω pres act ind 3p, absent

    (b) For Infinitives: Lexical Entry, Form, Voice, Mood, Gloss.

    E.g. γρύζω aor act inf, mutter, complain

    (c) For Participles: Lexical Entry, Form, Voice, Mood, Gender, Number, Case, Gloss.

    E.g. παροικέω pres act ptcp f.s.nom., inhabit a place as a foreigner, be a stranger

This Greek reader is not designed to supplement rigorous lexical studies. Students are still encouraged to reference the aforementioned lexicons. The Greek reader intends to aid reading and to translate quickly with minimal effort.

Abbreviations

1—1st person
2—2nd person
3—3rd person
acc—accusative
act—active
adv—adverb
aor—aorist
conj—conjuction
dat—dative
f—feminine
fut—future
gen—genitive
impr—improper
imp—imperfect
impv—imperative
inf—infinitive
intj—interjection
lit—literally

m—masculine
mid—middle
n—neuter
nom—nominative
opt—optative
p—plural
part—particle
pass—passive
perf—perfect
plupf—Pluperfect
prep—preposition
pres—present
ptcp—participle
s—singular
sub—subjunctive
subst—substantive
superl—superlative
trans—translation

The Didache
APOSTOLIC FATHERS GREEK READER

VOLUME 2

INTRODUCTION TO THE DIDACHE

Ever since its discovery in 1873, the *Didache*, or *The Teaching of the Twelve Apostles*, has been at the forefront of discussion regarding the formation of early Christian ethics and ecclesiology. Amazingly, despite a century and a half of fairly intense discussion of this document, there is still little consensus about who the author(s) was, its provenance, its date, and the relationship of the different sections of the text to one another. Hence, F. E. Vokes comments from 1935 still ring *somewhat* true in that the *Didache* is a riddle.[1] It is debated whether or not the *Didache* reflects a unified whole[2] or is comprised of composite redaction.[3] Although its general date is *c.* 90–130 CE, it is debated if portions of the text pre-date the Gospel of Matthew[4] or reflect a 2nd century Christian community.[5]

Despite general consensus on such issues, the document nonetheless is extremely helpful in understanding the way that early Christians in the Levant responded to a range of ethical matters and ecclesiological issues.

---

[1] F. E. Vokes, *The Riddle of the Didache: Fact or Fiction, Heresy or Catholicism?* (London: SPCK, 1938).

[2] Aaron Milavec, *The Didache: Faith, Hope, & Life of the Earliest Christian Communities, 50–70 C.E.* (New York: Newman Press, 2003); Aaron Milavec, *The Didache: Text, Translation, Analysis, and Commentary* (Collegeville, MN: Liturgical Press, 2003); William Varner, *The Way of the Didache: The First Christian Handbook* (New York: University Press of America, 2007).

[3] Clayton N. Jefford, *The Sayings of Jesus in the Teaching of the Twelve Apostles* (SVC 11; Leiden: Brill, 1989); Alan J. P. Garrow, The Gospel of Matthew's Dependence on the Didache (JSNTSS 254; New York: T&T Clark International, 2004); Nancy Pardee, *The Genre and Development of the Didache* (WUNT 2, Reihe 339; Tübingen, Germany: Mohr Siebeck, 2012).

[4] Garrow, *Matthew's Dependence on the Didache.*

[5] Jonathan A. Draper, "The Jesus Tradition in the Didache," in *The Didache in Modern Research*, ed. Jonathan A. Draper (AGAJ 37; Leiden: Brill, 1996), 72–91.

ΔΙΔΑΧΗ

The general structure of the books is as follows:
  I. Two-Ways Tradition (*Did.* 1–6)
  II. Baptism, Fasting, Prayers, Eucharist (*Did.* 7–10)
  III. Regulations for Itinerate Ministers (*Did.* 11–13)
  IV. Instructions for the Lord's Day and Basic Ecclesial Structure (*Did.* 14–15)
  V. Mini-Apocalypse (*Did.* 16).

The Two Ways tradition begins the *Didache* and offers a Torah influenced list of virtues and vices. These traditions are reminiscient of other Two Ways texts in ancient Jewish and early Christian literature (cf. 1QS 3–4; Barn. 18–20; Hermas Mand. 6.1–2 [35–36]; *De Doctrina apostolorum*). It's ethical introduction invites catechumens (*Did.* 7:1) to consider the way of life or the way of death (*Did.* 1:1–2) prior to baptism. By inserting the *sectio evangelica* (*Did.* 1:3–2:1), the Didachist attempts to *Christianize* its version of the Two-Ways tradition with the addition of Sermon on the Mount Jesus tradition (Matt 5; Luke 6).

The *Didache* also instructs how should baptism take place (*Did.* 7:1–4). Although it appears to evoke Matthean language, the *Didache* commends its reader to fast and pray in a different manner than the "hypocrite" (*Did.* 8:1–2) and requires the Lord's Prayer to be recited three times a day (*Did.* 8:3). Furthermore, it gives instruction on how to celebrate the Eucharist (*Did.* 9–10) and how to respond to teachers and itinerant apostles and prophets (*Did.* 11–13).

The *Didache* concludes on an eschatological note: a reflection on some of the details at the end of history (*Did.* 16). Its parallels and differences with both New Testament material and other literature from the Apostolic Fathers makes it a fascinating text to both study and on which to meditate.

Michael A. G. Haykin
Shawn J. Wilhite

ΔΙΔΑΧΗ

ΤΩΝ ΔΩΔΕΚΑ ΑΠΟΣΤΟΛΩΝ

Notes by Shawn J. Wilhite

Διδαχή[1] κυρίου διὰ τῶν δώδεκα ἀποστόλων τοῖς ἔθνεσιν.

1:1 Ὁδοὶ δύο εἰσί, μία τῆς ζωῆς καὶ μία τοῦ θανάτου, διαφορὰ[2] δὲ πολλὴ μεταξὺ[3] τῶν δύο ὁδῶν. **2** Ἡ μὲν οὖν ὁδὸς τῆς ζωῆς ἐστιν αὕτη· πρῶτον ἀγαπήσεις τὸν Θεὸν τὸν ποιήσαντά σε, δεύτερον τὸν πλησίον[4] σου ὡς σεαυτόν· πάντα δὲ ὅσα ἐὰν θελήσῃς μὴ γίνεσθαί σοι, καὶ σὺ ἄλλῳ μὴ ποίει. **3** Τούτων δὲ τῶν λόγων ἡ διδαχή[5] ἐστιν αὕτη· εὐλογεῖτε τοὺς καταρωμένους[6] ὑμῖν καὶ προσεύχεσθε ὑπὲρ τῶν ἐχθρῶν ὑμῶν, νηστεύετε[7] δὲ ὑπὲρ τῶν διωκόντων ὑμᾶς· ποία γὰρ χάρις, ἐὰν ἀγαπᾶτε τοὺς ἀγαπῶντας ὑμᾶς; οὐχὶ καὶ τὰ ἔθνη· τὸ αὐτὸ ποιοῦσιν; ὑμεῖς δὲ ἀγαπᾶτε τοὺς μισοῦντας ὑμᾶς, καὶ οὐχ ἕξετε ἐχθρόν. **4** ἀπέχου[8] τῶν σαρκικῶν[9] καὶ σωματικῶν[10] ἐπιθυμιῶν· ἐάν τίς σοι δῷ ῥάπισμα[11] εἰς τὴν δεξιὰν σιαγόνα,[12] στρέψον[13] αὐτῷ καὶ τὴν ἄλλην, καὶ ἔσῃ τέλειος.[14] ἐὰν ἀγγαρεύσῃ[15] σέ τις μίλιον[16] ἕν, ὕπαγε μετ᾽ αὐτοῦ

---

[1] διδαχή, ῆς, ἡ, teaching
[2] διαφορά, ᾶς, ἡ, difference
[3] μεταξύ, prep, between
[4] πλησίον, adv, neighbor
[5] διδαχή, ῆς, ἡ, teaching
[6] καταράομαι pres mid/pass ptcp m.p.acc., curse
[7] νηστεύω pres act impv 2p, fast
[8] ἀπέχω pres mid/pass impv 2s, abstain
[9] σαρκικός, ή, όν, fleshly
[10] σωματικός, ή, όν, bodily
[11] ῥάπισμα, ατος, τό, blow to the face
[12] σιαγών, όνος, ἡ, cheek
[13] στρέφω aor act impv 2p, turn
[14] τέλειος, α, ον, perfect
[15] ἀγγαρεύω aor act sub 3s, force, require
[16] μίλιον, ου, τό, mile

ΔΙΔΑΧΗ

δύο· ἐὰν ἄρῃ τις τὸ ἱμάτιόν σου, δὸς αὐτῷ καὶ τὸν χιτῶνα.[1] ἐὰν λάβῃ τις ἀπὸ σοῦ τὸ σόν, μὴ ἀπαίτει.[2] οὐδὲ γὰρ δύνασαι. 5 παντὶ τῷ αἰτοῦντί[3] σε δίδου, καὶ μὴ ἀπαίτει· πᾶσι γὰρ θέλει δίδοσθαι ὁ πατὴρ ἐκ τῶν ἰδίων χαρισμάτων.[4] μακάριος ὁ διδοὺς κατὰ τὴν ἐντολήν· ἀθῷος[5] γάρ ἐστιν. οὐαὶ τῷ λαμβάνοντι εἰ μὲν γὰρ χρείαν ἔχων λαμβάνει τις, ἀθῷος[6] ἔσται· ὁ δὲ μὴ χρείαν ἔχων δώσει δίκην,[7] ἱνατί ἔλαβε καὶ εἰς τί· ἐν συνοχῇ[8] δὲ γενόμενος ἐξετασθήσεται[9] περὶ ὧν ἔπραξε, καὶ οὐκ ἐξελεύσεται ἐκεῖθεν, μέχρις[10] οὗ ἀποδῷ τὸν ἔσχατον κοδράντην.[11] 6 ἀλλὰ καὶ περὶ τούτου δὲ εἴρηται· Ἰδρωσάτω[12] ἡ ἐλεημοσύνη·[13] σου εἰς τὰς χεῖράς σου, μέχρις[14] ἂν γνῷς, τίνι δῷς.

2:1 Δευτέρα δὲ ἐντολὴ τῆς διδαχῆς·[15] **2** Οὐ φονεύσεις,[16] οὐ μοιχεύσεις,[17] οὐ παιδοφθορήσεις,[18] οὐ πορνεύσεις,[19] οὐ κλέψεις,[20] οὐ μαγεύσεις,[21] οὐ φαρμακεύσεις,[22] οὐ φονεύσεις[23] τέκνον ἐν φθορᾷ,[24] οὐδὲ γεννηθὲν ἀποκτενεῖς, οὐκ ἐπιθυμήσεις[25] τὰ τοῦ πλησίον·[26] **3** οὐκ ἐπιορκήσεις,[27] οὐ ψευδομαρτυρήσεις,[28] οὐ

---

[1] χιτών, ῶνος, ὁ, inner tunic
[2] ἀπαιτέω pres act impv 2s, ask
[3] αἰτέω pres act ptcp m.s.dat., ask
[4] χάρισμα, ατος, τό, gift
[5] ἀθῷος, ον, innocent
[6] ἀθῷος, ον, innocent
[7] δίκη, ης, ἡ, justice, punishment
[8] συνοχή, ῆς, ἡ, distress
[9] ἐξετάζω fut pass ind 3s, inquire
[10] μέχρι, adv, until
[11] κοδράντης, ου, ὁ, penny
[12] ἱδρόω aor act impv 3s, sweat
[13] ἐλεημοσύνη, ης, ἡ, alms, charitable gifts
[14] μέχρι, adv, until
[15] διδαχή, ῆς, ἡ, teaching
[16] φονεύω fut act ind 2s, murder
[17] μοιχεύω fut act ind 2s, commit adultery
[18] παιδοφθορέω fut act ind 2s, commit sodomy
[19] πορνεύω fut act ind 2s, commit sexual immorality
[20] κλέπτω fut act ind 2s, steal
[21] μαγεύω fut act ind 2s, practice magic
[22] φαρμακεύω fut act ind 2s, use potions
[23] φονεύω fut act ind 2s, murder
[24] φθορά, ᾶς, ἡ, destruction of a fetus, abortion
[25] ἐπιθυμέω fut act ind 2s, desire
[26] πλησίον, adv, neighbor
[27] ἐπιορκέω fut act ind 2s, swear falsely
[28] ψευδομαρτυρέω fut act ind 2s, bear false witness

ΔΙΔΑΧΗ

κακολογήσεις,¹ οὐ μνησικακήσεις.² **4** οὐκ ἔσῃ διγνώμων³ οὐδὲ δίγλωσσος.⁴ παγὶς⁵ γὰρ θανάτου ἡ διγλωσσία.⁶ **5** οὐκ ἔσται ὁ λόγος σου ψευδής,⁷ οὐ κενός,⁸ ἀλλὰ μεμεστωμένος⁹ πράξει.¹⁰ **6** οὐκ ἔσῃ πλεονέκτης¹¹ οὐδὲ ἅρπαξ¹² οὐδὲ ὑποκριτὴς¹³ οὐδὲ κακοήθης¹⁴ οὐδὲ ὑπερήφανος.¹⁵ οὐ λήψῃ βουλὴν¹⁶ πονηρὰν κατὰ τοῦ πλησίον¹⁷ σου. **7** οὐ μισήσεις πάντα ἄνθρωπον, ἀλλὰ οὓς μὲν ἐλέγξεις,¹⁸ περὶ δὲ ὧν προσεύξῃ, οὓς δὲ ἀγαπήσεις ὑπὲρ τὴν ψυχήν σου.

3:1 Τέκνον μου, φεῦγε¹⁹ ἀπὸ παντὸς πονηροῦ καὶ ἀπὸ παντὸς ὁμοίου αὐτοῦ. **2** μὴ γίνου ὀργίλος,²⁰ ὁδηγεῖ²¹ γὰρ ἡ ὀργὴ πρὸς τὸν φόνον.²² μηδὲ ζηλωτὴς²³ μηδὲ ἐριστικὸς²⁴ μηδὲ θυμικός·²⁵ ἐκ γὰρ τούτων ἁπάντων φόνοι²⁶ γεννῶνται. **3** τέκνον μου, μὴ γίνου ἐπιθυμητής,²⁷ ὁδηγεῖ²⁸ γὰρ ἡ ἐπιθυμία πρὸς τὴν πορνείαν.²⁹ μηδὲ αἰσχρολόγος³⁰ μηδὲ ὑψηλόφθαλμος,³¹ ἐκ γὰρ τούτων

---

[1] κακολογέω fut act ind 2s, speak evil
[2] μνησικακέω fut act ind 2s, bear a grudge, remember evil
[3] διγνώμων, ον, double-minded
[4] δίγλωσσος, ον, insincere
[5] παγίς, ίδος, ἡ, trap
[6] διγλωσσία, ας, ἡ, double-tongued
[7] ψευδής, ές, false, lying
[8] κενός, ή, όν, empty, vain
[9] μεστόω perf mid/pass ptcp m.s.gen., fill, fulfill
[10] πρᾶξις, εως, ἡ, act, deed
[11] πλεονέκτης, ου, ὁ, greedy person
[12] ἅρπαξ, αγος, robber, rapacious
[13] ὑποκριτής, οῦ, ὁ, hypocrite
[14] κακοήθης, ες, spiteful, malicious
[15] ὑπερήφανος, ον, arrogant, haughty
[16] βουλή, ῆς, ἡ, plan
[17] πλησίον, adv, neighbor
[18] ἐλέγχω fut act ind 2s, reprove, correct
[19] φεύγω pres act impv 2s, flee
[20] φεύγω pres act impv 2s, flee
[21] ὁδηγέω pres act ind 3s, lead, guide
[22] φόνος, ου, ὁ, murder
[23] ζηλωτής, οῦ, ὁ, zealous
[24] ἐριστικός, ή, όν, quarrelsome
[25] θυμικός, ή, όν, hot-tempered
[26] φόνος, ου, ὁ, murder
[27] ἐπιθυμητής, οῦ, ὁ, desirous, lustful
[28] ὁδηγέω pres act ind 3s, lead, guide
[29] πορνεία, ας, ἡ, sexual immorality
[30] αἰσχρολόγος, ου, ὁ, foul-mouthed
[31] ὑψηλόφθαλμος, ον, lifting up the eyes, wandering eyes

ΔΙΔΑΧΗ

ἁπάντων μοιχεῖαι[1] γεννῶνται. 4 τέκνον μου, μὴ γίνου οἰωνοσκόπος,[2] ἐπειδὴ[3] ὁδηγεῖ[4] εἰς τὴν εἰδωλολατρίαν·[5] μηδὲ ἐπαοιδός[6] μηδὲ μαθηματικός[7] μηδὲ περικαθαίρων[8] μηδὲ θέλε αὐτὰ βλέπειν· ἐκ γὰρ τούτων ἁπάντων εἰδωλολατρία[9] γεννᾶται. 5 τέκνον μου, μὴ γίνου ψεύστης,[10] ἐπειδὴ[11] ὁδηγεῖ[12] τὸ ψεῦσμα[13] εἰς τὴν κλοπήν·[14] μηδὲ φιλάργυρος[15] μηδὲ κενόδοξος·[16] ἐκ γὰρ τούτων ἁπάντων κλοπαὶ[17] γεννῶνται. 6 τέκνον μου, μὴ γίνου γόγγυσος,[18] ἐπειδὴ[19] ὁδηγεῖ[20] εἰς τὴν βλασφημίαν,[21] μηδὲ αὐθάδης[22] μηδὲ πονηρόφρων.[23] ἐκ γὰρ τούτων ἁπάντων βλασφημίαι[24] γεννῶνται. 7 ἴσθι δὲ πραΰς,[25] ἐπεὶ[26] οἱ πραεῖς[27] κληρονομήσουσι[28] τὴν γῆν. 8 γίνου μακρόθυμος[29] καὶ ἐλεήμων[30] καὶ ἄκακος[31] καὶ ἡσύχιος[32] καὶ ἀγαθὸς καὶ τρέμων[33] τοὺς λόγους διὰ παντός, οὓς ἤκουσας. 9 οὐχ ὑψώσεις[34] σεαυτὸν οὐδὲ δώσεις τῇ ψυχῇ σου θράσος.[35] οὐ κολληθήσεται[36] ἡ ψυχή σου μετὰ

---

[1] μοιχεία, ας, ἡ, adultery
[2] οἰωνοσκόπος, ου, ὁ, soothsayer
[3] ἐπειδή, conj, because, since
[4] ὁδηγέω pres act ind 3s, lead, guide
[5] εἰδωλολατρία, ας, ἡ, idolatry
[6] ἐπαοιδός, οῦ, ὁ, enchanter
[7] μαθηματικός, ή, όν, astrologer
[8] περικαθαίρω pres act ptcp m.s.nom., magician
[9] εἰδωλολατρία, ας, ἡ, idolatry
[10] ψεύστης, ου, ὁ, liar
[11] ἐπειδή, conj, because, since
[12] ὁδηγέω pres act ind 3s, lead, guide
[13] ψεῦσμα, ατος, τό, lying, untruthfulness
[14] κλοπή, ῆς, ἡ, theft
[15] φιλάργυρος, ον, avaricious, fond of money
[16] κενόδοξος, ον, conceited, boastful
[17] κλοπή, ῆς, ἡ, theft
[18] γόγγυσος, ον, grumbler
[19] ἐπειδή, conj, because, since
[20] ὁδηγέω pres act ind 3s, lead, guide
[21] βλασφημία, ας, ἡ, blasphemy
[22] αὐθάδης, ες, self-willed
[23] πονηρόφρων, ον, evil-minded
[24] βλασφημία, ας, ἡ, blasphemy
[25] πραΰς, πραεῖα, πραΰ, gentle, humble
[26] ἐπεί, conj, since
[27] πραΰς, πραεῖα, πραΰ, gentle, humble
[28] κληρονομέω fut act ind 3p, inherit
[29] μακρόθυμος, ον, even-tempered, patient
[30] ἐλεήμων, ον, merciful
[31] ἄκακος, ον, innocent, guileless
[32] ἡσύχιος, ον, quiet, well-ordered
[33] τρέμω pres act ptcp m.s.nom., tremble
[34] ὑψόω fut act ind 2s, lift up, exalt
[35] θράσος, ους, τό, arrogance
[36] κολλάω fut pass ind 3s, unite

ΔΙΔΑΧΗ

ὑψηλῶν,[1] ἀλλὰ μετὰ δικαίων καὶ ταπεινῶν[2] ἀναστραφήσῃ.[3] **10** τὰ συμβαίνοντά[4] σοι ἐνεργήματα[5] ὡς ἀγαθὰ προσδέξῃ,[6] εἰδὼς ὅτι ἄτερ[7] Θεοῦ οὐδὲν γίνεται.

4:1 Τέκνον μου, τοῦ λαλοῦντός σοι τὸν λόγον τοῦ θεοῦ μνησθήσῃ[8] νυκτὸς καὶ ἡμέρας, τιμήσεις[9] δὲ αὐτὸν ὡς κύριον· ὅθεν[10] γὰρ ἡ κυριότης[11] λαλεῖται, ἐκεῖ κύριός ἐστιν. **2** ἐκζητήσεις[12] δὲ καθ' ἡμέραν τὰ πρόσωπα τῶν ἁγίων, ἵνα ἐπαναπαῇς[13] τοῖς λόγοις αὐτῶν. **3** οὐ ποθήσεις[14] σχίσμα,[15] εἰρηνεύσεις[16] δὲ μαχομένους.[17] κρινεῖς δικαίως,[18] οὐ λήψῃ πρόσωπον ἐλέγξαι[19] ἐπὶ παραπτώμασιν.[20] **4** οὐ διψυχήσεις,[21] πότερον[22] ἔσται ἢ οὔ. **5** Μὴ γίνου πρὸς μὲν τὸ λαβεῖν ἐκτείνων[23] τὰς χεῖρας, πρὸς δὲ τὸ δοῦναι συσπῶν.[24] **6** ἐὰν ἔχῃς διὰ τῶν χειρῶν σου, δώσεις λύτρωσιν[25] ἁμαρτιῶν σου. **7** οὐ διστάσεις[26] δοῦναι οὐδὲ διδοὺς γογγύσεις·[27] γνώσῃ γάρ, τίς ἐστιν ὁ τοῦ

---

[1] ὑψηλός, ή, όν, arrogant, proud
[2] ταπεινόω pres act ptcp m.s.nom., humble
[3] ταπεινόω pres act ptcp m.s.nom., humble
[4] συμβαίνω pres act ptcp n.p.acc., happen, come about
[5] ἐνέργημα, ατος, τό, effect, experiences
[6] προσδέχομαι fut mid ind 2s, receive favorably
[7] ἄτερ, prep, without
[8] μιμνήσκομαι fut pass ind 2s, remember
[9] τιμάω fut act ind 2s, honor
[10] ὅθεν, adv, from where
[11] κυριότης, ητος, ἡ, Lord's nature
[12] ἐκζητέω fut act ind 2s, search for
[13] ἐπαναπαύομαι aor pass sub 2s, find comfort, support
[14] ποθέω fut act ind 2p, desire, wish, be anxious
[15] σχίσμα, ατος, τό, division
[16] εἰρηνεύω fut act ind 2s, make peace
[17] μάχομαι pres mid/pass ptcp m.p.acc., quarrel
[18] δικαίως, adv, justly
[19] ἐλέγχω aor act inf, bring to light, expose
[20] παράπτωμα, ατος τό, sin, transgression
[21] διψυχέω fut act ind 2s, undecided
[22] πότερος, α, ον, whether
[23] ἐκτείνω pres act ptcp m.s.nom., stretch out
[24] συσπάω pres act ptcp m.s.nom., draw together
[25] λύτρωσις, εως, ἡ, ransom, redemption
[26] διστάζω fut act ind 2s, hesitate
[27] γογγύζω fut act ind 2s, grumble

ΔΙΔΑΧΗ

μισθοῦ[1] καλὸς[2] ἀνταποδότης.[3] **8** οὐκ ἀποστραφήσῃ[4] τὸν ἐνδεόμενον,[5] συγκοινωνήσεις[6] δὲ πάντα τῷ ἀδελφῷ σοῦ καὶ οὐκ ἐρεῖς ἴδια εἶναι· εἰ γὰρ ἐν τῷ ἀθανάτῳ[7] κοινωνοί[8] ἐστε, πόσῳ[9] μᾶλλον ἐν τοῖς θνητοῖς;[10] **9** Οὐκ ἀρεῖς τὴν χεῖρα σου ἀπὸ τοῦ υἱοῦ σου ἢ ἀπὸ τῆς θυγατρός[11] σου, ἀλλὰ ἀπὸ νεότητος[12] διδάξεις τὸν φόβον τοῦ θεοῦ. **10** οὐκ ἐπιτάξεις[13] δούλῳ σου ἢ παιδίσκῃ,[14] τοῖς ἐπὶ τὸν αὐτὸν θεὸν ἐλπίζουσιν, ἐν πικρίᾳ[15] σου, μήποτε,[16] οὐ μὴ φοβηθήσονται τὸν ἐπ᾽ ἀμφοτέροις[17] θεόν· οὐ γὰρ ἔρχεται κατὰ πρόσωπον καλέσαι, ἀλλ᾽ ἐφ᾽ οὓς τὸ πνεῦμα ἡτοίμασεν. **11** ὑμεῖς δὲ οἱ δοῦλοι ὑποταγήσεσθε[18] τοῖς κυρίοις ὑμῶν ὡς τύπῳ[19] θεοῦ ἐν αἰσχύνῃ[20] καὶ φόβῳ. **12** Μισήσεις πᾶσαν ὑπόκρισιν[21] καὶ πᾶν ὃ μὴ ἀρεστὸν[22] τῷ κυρίῳ. **13** οὐ μὴ ἐγκαταλίπῃς[23] ἐντολὰς κυρίου, φυλάξεις δὲ ἃ παρέλαβες, μήτε προστιθεὶς[24] μήτε ἀφαιρῶν.[25] **14** ἐν ἐκκλησίᾳ ἐξομολογήσῃ[26] τὰ παραπτώματά[27] σου, καὶ οὐ προσελεύσῃ ἐπὶ προσευχήν σου ἐν συνειδήσει[28] πονηρᾷ· αὕτη· ἐστὶν ἡ ὁδὸς τῆς ζωῆς.

---

[1] μισθός, οῦ, ὁ, reward
[2] καλός, ή, όν, good
[3] ἀνταποδότης, ου, ὁ, paymaster
[4] ἀποστρέφω fut pass ind 2s, turn away
[5] ἐνδέομαι pres mid/pass ptcp m.s.acc., to be in need
[6] συγκοινωνέω fut act ind 2s, share
[7] ἀθάνατος, ον, immortal
[8] κοινωνός, οῦ, ὁ and ἡ, sharer
[9] πόσος, η, ον, how much?
[10] θνητός, ή, όν, mortal
[11] θυγάτηρ, τρός, ἡ, daughter
[12] νεότης, τητος, ἡ, youth
[13] ἐπιτάσσω fut act ind 2s, command, order
[14] παιδίσκη, ης, ἡ, female servant/slave
[15] πικρία, ας, ἡ, anger
[16] μήποτε, adv, never
[17] ἀμφότεροι, αι, α, both
[18] ὑποτάσσω fut pass ind 2p, submit, subject
[19] τύπος, ου, ὁ, copy, image
[20] αἰσχύνη, ης, ἡ, modesty, reverence
[21] ὑπόκρισις, εως, ἡ, hypocrisy
[22] ἀρεστός, ή, όν, pleasing
[23] ἐγκαταλείπω aor act sub 2s, forsake
[24] προστίθημι pres act ptcp m.s.nom., add
[25] ἀφαιρέω pres act ptcp m.s.nom., take away
[26] ἐξομολογέω fut mid ind 2s, confess, admit
[27] παράπτωμα, ατος, τό, transgression
[28] συνείδησις, εως, ἡ, conscience

ΔΙΔΑΧΗ

5:1 Ἡ δὲ τοῦ θανάτου ὁδός ἐστιν αὕτη· πρῶτον πάντων πονηρά ἐστι καὶ κατάρας¹ μεστή.² φόνοι,³ μοιχεῖαι,⁴ ἐπιθυμίαι, πορνεῖαι,⁵ κλοπαί,⁶ εἰδωλολατρίαι,⁷ μαγεῖαι,⁸ φαρμακίαι,⁹ ἁρπαγαί,¹⁰ ψευδομαρτυρίαι,¹¹ ὑποκρίσεις,¹² διπλοκαρδία,¹³ δόλος,¹⁴ ὑπερηφανία,¹⁵ κακία,¹⁶ αὐθάδεια,¹⁷ πλεονεξία,¹⁸ αἰσχρολογία,¹⁹ ζηλοτυπία,²⁰ θρασύτης,²¹ ὕψος,²² ἀλαζονεία.²³ **2** διῶκται²⁴ ἀγαθῶν, μισοῦντες ἀλήθειαν, ἀγαπῶντες ψεῦδος,²⁵ οὐ γινώσκοντες μισθὸν²⁶ δικαιοσύνης, οὐ κολλώμενοι²⁷ ἀγαθῷ οὐδὲ κρίσει δικαίᾳ, ἀγρυπνοῦντες²⁸ οὐκ εἰς τὸ ἀγαθόν, ἀλλ' εἰς τὸ πονηρόν, ὧν μακρὰν²⁹ πραΰτης³⁰ καὶ ὑπομονή, μάταια³¹ ἀγαπῶντες, διώκοντες ἀνταπόδομα,³² οὐκ ἐλεοῦντες³³ πτωχόν, οὐ πονοῦντες³⁴ ἐπὶ καταπονουμένῳ,³⁵ οὐ γινώσκοντες τὸν

---

[1] κατάρα, ας, ἡ, curse
[2] μεστός, ή, όν, full of
[3] φόνος, ου, ὁ, murder
[4] μοιχεία, ας, ἡ, adultery
[5] πορνεία, ας, ἡ, sexual immorality
[6] κλοπή, ῆς, ἡ, theif
[7] εἰδωλολατρία, ας, ἡ, image-worship, idolatry
[8] μαγεία, ας, ἡ, magic
[9] φαρμακεία, ας, ἡ, sorcery
[10] ἁρπαγή, ῆς, ἡ, robbery, plunder
[11] ψευδομαρτυρία, ας, ἡ, false witness
[12] ὑπόκρισις, εως, ἡ, hypocrite
[13] διπλοκαρδία, ας, ἡ, double-hearted
[14] δόλος, ου, ὁ, deceit
[15] ὑπερηφανία, ας, ἡ, arrogance
[16] κακία, ας, ἡ, malice, ill-will
[17] αὐθάδεια, ας, ἡ, arrogance, stubbornness
[18] πλεονεξία, ας, ἡ, greediness
[19] αἰσχρολογία, ας, ἡ, obsene speech, lewd talk
[20] ζηλοτυπία, ας, ἡ, jealousy
[21] θρασύτης, ητος, ἡ, arrogance
[22] ὕψος, ους, τό, exaltation
[23] ἀλαζονεία, ας, ἡ, pretension, boastfulness
[24] διώκτης, ου, ὁ, persecutor
[25] ψεῦδος, ους, τό, lie, falsehood
[26] μισθός, οῦ, ὁ, reward
[27] κολλάω pres mid/pass ptcp m.p.nom., cling to
[28] ἀγρυπνέω pres act ptcp m.p.nom., look after, care for
[29] μακρὰν, adv, far (away)
[30] πραΰτης, ητος, ἡ, gentleness, humility
[31] μάταιος, αία, αιον, fruitless, empty
[32] ἀνταπόδομα, ατος, τό, repayment
[33] ἐλεέω pres act ptcp m.p.nom., have compassion, mercy
[34] πονέω pres act ptcp m.p.nom., toil, labor
[35] καταπονέω pres mid/pass ptcp m.s.dat., oppress

ΔΙΔΑΧΗ

ποιήσαντα αὐτούς, φονεῖς[1] τέκνων, φθορεῖς[2] πλάσματος,[3] ἀποστρεφόμενοι[4] τὸν ἐνδεόμενον,[5] καταπονοῦντες[6] τὸν θλιβόμενον,[7] πλουσίων[8] παράκλητοι,[9] πενήτων[10] ἄνομοι[11] κριταί,[12] πανθαμαρτητοί.[13] ῥυσθείητε,[14] τέκνα, ἀπὸ τούτων ἁπάντων.

6:1 Ὅρα, μή τίς σε πλανήσῃ ἀπὸ ταύτης τῆς ὁδοῦ τῆς διδαχῆς,[15] ἐπεὶ[16] παρεκτὸς[17] θεοῦ σε διδάσκει. **2** εἰ μὲν γὰρ δύνασαι βαστάσαι[18] ὅλον τὸν ζυγὸν[19] τοῦ κυρίου, τέλειος[20] ἔσῃ· εἰ δ' οὐ δύνασαι, ὃ δύνῃ, τοῦτο ποίει. **3** Περὶ δὲ τῆς βρώσεως,[21] ὃ δύνασαι βάστασον.[22] ἀπὸ δὲ τοῦ εἰδωλοθύτου[23] λίαν[24] πρόσεχε·[25] λατρεία[26] γάρ ἐστιν θεῶν νεκρῶν.

7:1 Περὶ δὲ τοῦ βαπτίσματος,[27] οὕτω βαπτίσατε· ταῦτα πάντα προειπόντες,[28] βαπτίσατε εἰς τὸ ὄνομα τοῦ πατρὸς καὶ τοῦ υἱοῦ

---

[1] φονεύς, έως, ὁ, murderer
[2] φθορεύς, έως, ὁ, abortionist, corruptor
[3] πλάσμα, ατος, τό, image
[4] ἀποστρέφω pres mid/pass ptcp m.p.nom., turn away
[5] ἐνδέομαι pres mid/pass ptcp m.s.acc., be in need
[6] καταπονέω pres mid/pass ptcp m.p.nom., oppress
[7] θλίβω pres mid/pass ptcp m.s.acc., oppress
[8] πλούσιος, ία, ιον, rich, wealthy
[9] παράκλητος, ου, ὁ, mediator, advocate
[10] πένης, ητος, poor
[11] ἄνομος, ον, lawless, unjust
[12] κριτής, οῦ, ὁ, judge
[13] πανθαμάρτητος, ον, altogether sinful
[14] ῥύομαι aor pass opt 2p, deliver, save, rescue
[15] διδαχή, ῆς, ἡ, teaching
[16] ἐπεί, conj, since
[17] παρεκτός, prep, apart from, except for
[18] βαστάζω aor act inf, bear, carry
[19] ζυγός, οῦ, ὁ, yoke
[20] τέλειος, α, ον, complete, mature
[21] βρῶσις, εως, ἡ, eating
[22] βαστάζω aor act impv 2s, bear, carry
[23] εἰδωλόθυτος, ον, meat offered to an idol
[24] λίαν, adv, exceedingly
[25] προσέχω pres act impv 2s, beware
[26] λατρεία, ας, ἡ, service, worship
[27] βάπτισμα, ατος, τό, baptism
[28] προεῖπον aor act ptcp m.p.nom., said beforehand

ΔΙΔΑΧΗ

καὶ τοῦ ἁγίου πνεύματος ἐν ὕδατι ζῶντι. **2** ἐὰν δὲ μὴ ἔχῃς ὕδωρ ζῶν, εἰς ἄλλο ὕδωρ βάπτισον· εἰ δ' οὐ δύνασαι ἐν ψυχρῷ,[1] ἐν θερμῷ.[2] **3** ἐὰν δὲ ἀμφότερα[3] μὴ ἔχῃς, ἔκχεον[4] εἰς τὴν κεφαλὴν τρὶς[5] ὕδωρ εἰς ὄνομα πατρὸς καὶ υἱοῦ καὶ ἁγίου πνεύματος. **4** πρὸ δὲ τοῦ βαπτίσματος[6] προνηστευσάτω[7] ὁ βαπτίζων καὶ ὁ βαπτιζόμενος καὶ εἴ τινες ἄλλοι δύνανται· κελεύεις[8] δὲ νηστεῦσαι[9] τὸν βαπτιζόμενον πρὸ μιᾶς ἢ δύο.

8:1 Αἱ δὲ νηστεῖαι[10] ὑμῶν μὴ ἔστωσαν μετὰ τῶν ὑποκριτῶν.[11] νηστεύουσι[12] γὰρ δευτέρᾳ σαββάτων καὶ πέμπτῃ·[13] ὑμεῖς δὲ νηστεύσατε[14] τετράδα[15] καὶ παρασκευήν.[16] **2** μηδὲ προσεύχεσθε ὡς οἱ ὑποκριταί,[17] ἀλλ' ὡς ἐκέλευσεν[18] ὁ κύριος ἐν τῷ εὐαγγελίῳ αὐτοῦ, οὕτω προσεύχεσθε· Πάτερ ἡμῶν ὁ ἐν τῷ οὐρανῷ, ἁγιασθήτω[19] τὸ ὄνομά σου, ἐλθέτω ἡ βασιλεία σου, γενηθήτω τὸ θέλημά σου ὡς ἐν οὐρανῷ καὶ ἐπὶ γῆς· τὸν ἄρτον ἡμῶν τὸ ἐπιούσιον[20] δὸς ἡμῖν σήμερον, καὶ ἄφες ἡμῖν τὴν ὀφειλὴν[21] ἡμῶν, ὡς καὶ ἡμεῖς ἀφίεμεν τοῖς ὀφειλέταις[22] ἡμῶν, καὶ μὴ εἰσενέγκῃς[23] ἡμᾶς εἰς πειρασμόν,[24] ἀλλὰ ῥῦσαι[25] ἡμᾶς ἀπὸ τοῦ πονηροῦ· ὅτι σοῦ ἐστιν ἡ δύναμις καὶ ἡ δόξα εἰς τοὺς αἰῶνας. **3** τρὶς[26] τῆς ἡμέρας οὕτω προσεύχεσθε.

---

[1] ψυχρός, ά, όν, cold
[2] θερμός, ή, όν, warm
[3] ἀμφότεροι, αι, α, both
[4] ἐκχέω aor act impv 2s, pour
[5] τρίς, adv, three times
[6] βάπτισμα, ατος, τό, baptism
[7] προνηστεύω aor act impv 3s, fast beforehand
[8] κελεύω pres act ind 2s, command
[9] νηστεύω aor act inf, fast
[10] νεστεία, ας, ἡ, fast, go hungry
[11] ὑποκριτής, οῦ, ὁ, pretender, hypocrite
[12] νηστεύω pres act ind 3p, fast
[13] πέμπτος, η, ον, fifth i.e. fifth day; Thursday
[14] νηστεύω aor act impv 2p, fast
[15] τετράς, άδος, ἡ, four i.e. fourth day; Wednesday
[16] παρασκευή, ῆς, ἡ, day of preparation i.e. Friday of Passover week
[17] ὑποκριτής, οῦ, ὁ, hypocrite
[18] κελεύω aor act ind 3s, command
[19] ἁγιάζω aor pass impv 3s, hallow
[20] ἐπιούσιος, ον, daily
[21] ὀφειλή, ῆς, ἡ, debt
[22] ὀφειλέτης, ου, ὁ, debtor
[23] εἰσφέρω aor act sub 2s, lead
[24] πειρασμός, οῦ, ὁ, temptation
[25] ῥύομαι aor mid impv 2s, deliver
[26] τρίς, adv, three times

ΔΙΔΑΧΗ

9:1 Περὶ δὲ τῆς εὐχαριστίας,[1] οὕτως εὐχαριστήσατε. **2** πρῶτον περὶ τοῦ ποτηρίου· Εὐχαριστοῦμέν σοι, πάτερ ἡμῶν, ὑπὲρ τῆς ἁγίας ἀμπέλου[2] Δαυὶδ τοῦ παιδός[3] σου, ἧς ἐγνώρισας[4] ἡμῖν διὰ Ἰησοῦ τοῦ παιδός[5] σου· σοὶ ἡ δόξα εἰς τοὺς αἰῶνας. **3** περὶ δὲ τοῦ κλάσματος·[6] Εὐχαριστοῦμέν σοι, πάτερ ἡμῶν, ὑπὲρ τῆς ζωῆς καὶ γνώσεως,[7] ἧς ἐγνώρισας[8] ἡμῖν διὰ Ἰησοῦ τοῦ παιδός[9] σου. σοὶ ἡ δόξα εἰς τοὺς αἰῶνας. **4** ὥσπερ ἦν τοῦτο τὸ κλάσμα[10] διεσκορπισμένον[11] ἐπάνω[12] τῶν ὀρέων καὶ συναχθὲν ἐγένετο ἕν, οὕτω συναχθήτω σου ἡ ἐκκλησία ἀπὸ τῶν περάτων[13] τῆς γῆς εἰς τὴν σὴν βασιλείαν. ὅτι σοῦ ἐστιν ἡ δόξα καὶ ἡ δύναμις διὰ Ἰησοῦ Χριστοῦ εἰς τοὺς αἰῶνας. **5** μηδεὶς δὲ φαγέτω μηδὲ πιέτω ἀπὸ τῆς εὐχαριστίας[14] ὑμῶν, ἀλλ' οἱ βαπτισθέντες εἰς ὄνομα κυρίου· καὶ γὰρ περὶ τούτου εἴρηκεν ὁ κύριος· Μὴ δῶτε τὸ ἅγιον τοῖς κυσί.[15]

10:1 Μετὰ δὲ τὸ ἐμπλησθῆναι[16] οὕτως εὐχαριστήσατε· **2** Εὐχαριστοῦμέν σοι, πάτερ ἅγιε, ὑπὲρ τοῦ ἁγίου ὀνόματός σου, οὗ κατεσκήνωσας[17] ἐν ταῖς καρδίαις ἡμῶν, καὶ ὑπὲρ τῆς γνώσεως[18] καὶ πίστεως καὶ ἀθανασίας,[19] ἧς ἐγνώρισας[20] ἡμῖν διὰ Ἰησοῦ

---

[1] εὐχαριστία, ας, ἡ, Eucharist
[2] ἄμπελος, ου, ἡ, vine
[3] παῖς, παιδός, ὁ or ἡ, servant
[4] γνωρίζω aor act ind 2s, make known
[5] παῖς, παιδός, ὁ or ἡ, servant
[6] κλάσμα, ατος, τό, piece (i.e. broken bread)
[7] γνῶσις, εως, ἡ, knowledge
[8] γνωρίζω aor act ind 2s, reveal
[9] παῖς, παιδός, ὁ or ἡ, servant or slave
[10] κλάσμα, ατος, τό, piece (i.e., broken bread)
[11] διασκορπίζω perf mid/pass ptcp n.s.nom., scatter
[12] ἐπάνω, prep, upon
[13] πέρας, ατος, τό, end
[14] εὐχαριστία, ας, ἡ, Eucharist
[15] κύων, κυνός, ὁ, dog
[16] ἐμπίπλημι aor pass inf, satisfied
[17] κατασκηνόω aor act ind 2s, cause to live
[18] γνῶσις, εως, ἡ, knowledge
[19] ἀθανασία, ας, ἡ, immortality
[20] γνωρίζω aor act ind 2s, to make known

ΔΙΔΑΧΗ

τοῦ παιδός[1] σου· σοὶ ἡ δόξα εἰς τοὺς αἰῶνας. **3** σύ, δέσποτα[2] παντοκράτορ,[3] ἔκτισας[4] τὰ πάντα ἕνεκεν[5] τοῦ ὀνόματός σου, τροφήν[6] τε καὶ ποτὸν[7] ἔδωκας τοῖς ἀνθρώποις εἰς ἀπόλαυσιν,[8] ἵνα σοι εὐχαριστήσωσιν, ἡμῖν δὲ ἐχαρίσω[9] πνευματικὴν[10] τροφὴν[11] καὶ ποτὸν[12] καὶ ζωὴν αἰώνιον διὰ τοῦ παιδός[13] σου. **4** πρὸ πάντων εὐχαριστοῦμέν σοι, ὅτι δυνατὸς εἶ· σοὶ ἡ δόξα εἰς τοὺς αἰῶνας. **5** μνήσθητι,[14] κύριε, τῆς ἐκκλησίας σου, τοῦ ῥύσασθαι[15] αὐτὴν ἀπὸ παντὸς πονηροῦ καὶ τελειῶσαι[16] αὐτὴν ἐν τῇ ἀγάπῃ σου, καὶ σύναξον αὐτὴν ἀπὸ τῶν τεσσάρων ἀνέμων, τὴν ἁγιασθεῖσαν,[17] εἰς τὴν σὴν βασιλείαν, ἣν ἡτοίμασας αὐτῇ· ὅτι σοῦ ἐστιν ἡ δύναμις καὶ ἡ δόξα εἰς τοὺς αἰῶνας. **6** ἐλθέτω χάρις καὶ παρελθέτω[18] ὁ κόσμος οὗτος. Ὡσαννὰ[19] τῷ θεῷ Δαυείδ. εἴ τις ἅγιός ἐστιν, ἐρχέσθω· εἴ τις οὐκ ἔστι, μετανοείτω· μαρὰν ἀθά.[20] ἀμήν. **7** τοῖς δὲ προφήταις ἐπιτρέπετε[21] εὐχαριστεῖν ὅσα θέλουσιν.

11:1 Ὃς ἂν οὖν ἐλθὼν διδάξῃ ὑμᾶς ταῦτα πάντα τὰ προειρημένα,[22] δέξασθε αὐτόν· **2** ἐὰν δὲ αὐτὸς ὁ διδάσκων στραφεὶς[23] διδάσκῃ ἄλλην διδαχὴν[24] εἰς τὸ καταλῦσαι,[25] μὴ

---

[1] παῖς, παιδός, ὁ or ἡ, servant
[2] δεσπότης, ου, ὁ, master
[3] παντοκράτωρ, ορος, ὁ, Almighty
[4] κτίζω aor act ind 2s, create
[5] ἕνεκα, prep, because of, on account of
[6] τροφή, ῆς, ἡ, food
[7] πότος, ου, ὁ, drinking party
[8] ἀπόλαυσις, εως, ἡ, enjoyment
[9] χαρίζομαι aor mid ind 2s, give graciously
[10] πνευματικός, ή, όν, spiritual
[11] τροφή, ῆς, ἡ, food
[12] πότος, ου, ὁ, drinking party
[13] παῖς, παιδός, ὁ or ἡ, servant
[14] μιμνήσκομαι aor pass impv 2s, remember
[15] ῥύσασθαι aor mid inf, deliver
[16] τελειόω aor act inf, make perfect
[17] ἁγιάζω aor pass ptcp f.s.acc., make holy, consecrate
[18] παρέρχομαι aor act impv 3s, pass away
[19] ὡσαννά, hosanna
[20] μαραναθά, marantha
[21] ἐπιτρέπω pres act impv 2p, permit
[22] προλέγω perf mid/pass ptcp n.p.acc., told beforehand
[23] στρέφω aor pass ptcp m.s.nom., turn
[24] διδαχή, ῆς, ἡ, teaching
[25] καταλῦσαι aor act inf, destroy

ΔΙΔΑΧΗ

αὐτοῦ ἀκούσητε· εἰς δὲ τὸ προσθεῖναι[1] δικαιοσύνην καὶ γνῶσιν[2] κυρίου, δέξασθε αὐτὸν ὡς κύριον. 3 Περὶ δὲ τῶν ἀποστόλων καὶ προφητῶν, κατὰ τὸ δόγμα[3] τοῦ εὐαγγελίου οὕτω ποιήσατε. 4 πᾶς δὲ ἀπόστολος ἐρχόμενος πρὸς ὑμᾶς δεχθήτω ὡς κύριος· 5 οὐ μενεῖ δὲ εἰ μὴ ἡμέραν μίαν· ἐὰν δὲ ᾖ χρεία, καὶ τὴν ἄλλην· τρεῖς δὲ ἐὰν μείνῃ, ψευδοπροφήτης[4] ἐστίν. 6 ἐξερχόμενος δὲ ὁ ἀπόστολος μηδὲν λαμβανέτω εἰ μὴ ἄρτον, ἕως οὗ αὐλισθῇ·[5] ἐὰν δὲ ἀργύριον[6] αἰτῇ, ψευδοπροφήτης[7] ἐστί. 7 Καὶ πάντα προφήτην λαλοῦντα ἐν πνεύματι οὐ πειράσετε οὐδὲ διακρινεῖτε·[8] πᾶσα γὰρ ἁμαρτία ἀφεθήσεται, αὕτη· δὲ ἡ ἁμαρτία οὐκ ἀφεθήσεται. 8 οὐ πᾶς δὲ ὁ λαλῶν ἐν πνεύματι προφήτης ἐστίν, ἀλλ' ἐὰν ἔχῃ τοὺς τρόπους[9] κυρίου. ἀπὸ οὖν τῶν τρόπων[10] γνωσθήσεται ὁ ψευδοπροφήτης[11] καὶ ὁ προφήτης. 9 καὶ πᾶς προφήτης ὁρίζων[12] τράπεζαν[13] ἐν πνεύματι οὐ φάγεται ἀπ' αὐτῆς, εἰ δὲ μήγε[14] ψευδοπροφήτης[15] ἐστί. 10 πᾶς δὲ προφήτης διδάσκων τὴν ἀλήθειαν, εἰ ἃ διδάσκει οὐ ποιεῖ, ψευδοπροφήτης[16] ἐστίν. 11 πᾶς δὲ προφήτης δεδοκιμασμένος,[17] ἀληθινός,[18] ποιῶν εἰς μυστήριον[19] κοσμικὸν[20] ἐκκλησίας, μὴ διδάσκων δὲ ποιεῖν, ὅσα αὐτὸς ποιεῖ, οὐ κριθήσεται ἐφ' ὑμῶν· μετὰ θεοῦ γὰρ ἔχει τὴν

---

[1] προστίθημι aor act inf, add to
[2] γνῶσις, εως, ἡ, knowledge
[3] δόγμα, ατος, τό, ordinance, decision
[4] ψευδοπροφήτης, ου, ὁ, false prophet
[5] αὐλίζομαι aor pass sub 3s, spend the night
[6] ἀργύριον, ου, τό, silver money
[7] ψευδοπροφήτης, ου, ὁ, false prophet
[8] διακρίνω fut act ind 2p, evaluation, judge
[9] τρόπος, ου, ὁ, ways, kind of life
[10] τρόπος, ου, ὁ, ways, kind of life
[11] ψευδοπροφήτης, ου, ὁ, false prophet
[12] ὁρίζων pres act ptcp m.s.nom., orders
[13] τράπεζα, ης, ἡ, table
[14] μήγε, part, otherwise
[15] ψευδοπροφήτης, ου, ὁ, false prophet
[16] ψευδοπροφήτης, ου, ὁ, false prophet
[17] δοκιμάζω perf mid/pass ptcp m.s.nom., put to the test, examine
[18] ἀληθινός, ή, όν, true
[19] μυστήριον, ου, τό, mystery
[20] κοσμικός, ή, όν, wordly, earthly

ΔΙΔΑΧΗ

κρίσιν· ὡσαύτως[1] γὰρ ἐποίησαν καὶ οἱ ἀρχαῖοι[2] προφῆται. **12** ὃς δ᾽ ἂν εἴπῃ ἐν πνεύματι· δός μοι ἀργύρια[3] ἢ ἑτερά τινα, οὐκ ἀκούσεσθε αὐτοῦ· ἐὰν δὲ περὶ ἄλλων ὑστερούντων[4] εἴπῃ δοῦναι, μηδεὶς αὐτὸν κρινέτω.

12:1 Πᾶς δὲ ὁ ἐρχόμενος ἐν ὀνόματι κυρίου δεχθήτω. ἔπειτα[5] δὲ δοκιμάσαντες[6] αὐτὸν γνώσεσθε, σύνεσιν[7] γὰρ ἕξετε δεξιὰν καὶ ἀριστεράν.[8] **2** εἰ μὲν παρόδιός[9] ἐστιν ὁ ἐρχόμενος, βοηθεῖτε[10] αὐτῷ, ὅσον δύνασθε· οὐ μενεῖ δὲ πρὸς ὑμᾶς εἰ μὴ δύο ἢ τρεῖς ἡμέρας, ἐὰν ᾖ ἀνάγκη.[11] **3** εἰ δὲ θέλει πρὸς ὑμᾶς καθῆσθαι, τεχνίτης[12] ὤν, ἐργαζέσθω καὶ φαγέτω. **4** εἰ δὲ οὐκ ἔχει τέχνην,[13] κατὰ τὴν σύνεσιν[14] ὑμῶν προνοήσατε,[15] πῶς μὴ ἀργὸς[16] μεθ᾽ ὑμῶν ζήσεται Χριστιανός.[17] **5** εἰ δ᾽ οὐ θέλει οὕτω ποιεῖν, χριστέμπορός[18] ἐστι· προσέχετε[19] ἀπὸ τῶν τοιούτων.

13:1 Πᾶς δὲ προφήτης ἀληθινὸς[20] θέλων καθῆσθαι πρὸς ὑμᾶς ἄξιός ἐστι τῆς τροφῆς[21] αὐτοῦ. **2** ὡσαύτως[22] διδάσκαλος ἀληθινός[23] ἐστιν ἄξιος καὶ αὐτὸς ὥσπερ ὁ ἐργάτης,[24] τῆς τροφῆς[25] αὐτοῦ. **3** πᾶσαν οὖν ἀπαρχὴν[26] γεννημάτων[27] ληνοῦ[28] καὶ

---

[1] ὡσαύτως, adv, in the same manner
[2] ἀρχαῖος, αία, αῖον, ancient
[3] ἀργύριον, ου, τό, silver money
[4] ὑστερέω pres act ptcp m.p.gen., be needy
[5] ἔπειτα, adv, then
[6] δοκιμάζω aor act ptcp m.p.nom., put to the test, examine
[7] σύνεσις, εως, ἡ, understanding
[8] ἀριστερός, α, όν, left
[9] παρόδιος, ον, one who is traveling by
[10] βοηθέω pres act impv 2p, assist, help
[11] ἀνάγκη, ης, ἡ, necessity
[12] τεχνίτης, ου, ὁ, craftsman, artisan
[13] τέχνη, ης, ἡ, skill, trade
[14] σύνεσις, εως, ἡ, understanding
[15] προνοέω, aor act impv 2p, take into consideration
[16] ἀργός, ή, όν, lazy
[17] Χριστιανός, οῦ, ὁ, Christian
[18] χριστέμπορος, ου, ὁ, Christ-monger
[19] προσέχω pres act impv 2p, pay attention, beware
[20] ἀληθινός, ή, όν, true
[21] τροφή, ῆς, ἡ, food
[22] ὡσαύτως, adv, similarly, likewise
[23] ἀληθινός, ή, όν, true
[24] ἐργάτης, ου, ὁ, laborer, worker
[25] τροφή, ῆς, ἡ, food
[26] ἀπαρχή, ῆς, ἡ, first-fruits
[27] γέννημα, ατος, τό, offspring
[28] ληνός, οῦ, ἡ, wine-press

ΔΙΔΑΧΗ

ἅλωνος,[1] βοῶν[2] τε καὶ προβάτων λαβὼν δώσεις τὴν ἀπαρχὴν[3] τοῖς προφήταις· αὐτοὶ γάρ εἰσιν οἱ ἀρχιερεῖς ὑμῶν. **4** ἐὰν δὲ μὴ ἔχητε προφήτην, δότε τοῖς πτωχοῖς. **5** ἐὰν σιτίαν[4] ποιῇς, τὴν ἀπαρχὴν[5] λαβὼν δὸς κατὰ τὴν ἐντολήν. **6** ὡσαύτως[6] κεράμιον[7] οἴνου ἢ ἐλαίου[8] ἀνοίξας, τὴν ἀπαρχὴν[9] λαβὼν δὸς τοῖς προφήταις· **7** ἀργυρίου[10] δὲ καὶ ἱματισμοῦ[11] καὶ παντὸς κτήματος[12] λαβὼν τὴν ἀπαρχήν,[13] ὡς ἄν σοι δόξῃ, δὸς κατὰ τὴν ἐντολήν.

14:1 Κατὰ κυριακὴν[14] δὲ κυρίου συναχθέντες κλάσατε[15] ἄρτον καὶ εὐχαριστήσατε, προεξομολογησάμενοι[16] τὰ παραπτώματα[17] ὑμῶν, ὅπως καθαρὰ[18] ἡ θυσία[19] ὑμῶν ᾖ. **2** πᾶς δὲ ἔχων τὴν ἀμφιβολίαν[20] μετὰ τοῦ ἑταίρου[21] αὐτοῦ μὴ συνελθέτω[22] ὑμῖν, ἕως οὗ διαλλαγῶσιν,[23] ἵνα μὴ κοινωθῇ[24] ἡ θυσία[25] ὑμῶν. **3** αὕτη· γάρ ἐστιν ἡ ῥηθεῖσα ὑπὸ κυρίου· Ἐν παντὶ τόπῳ καὶ χρόνῳ προσφέρειν μοι θυσίαν[26] καθαράν.[27] ὅτι βασιλεὺς μέγας εἰμί, λέγει κύριος, καὶ τὸ ὄνομά μου θαυμαστὸν[28] ἐν τοῖς ἔθνεσι.

---

[1] ἅλων, ωνος, ἡ, threshing-floor
[2] βοῦς, βοός, cow, ox
[3] ἀπαρχή, ῆς, ἡ, first-fruits
[4] σιτία, ας, ἡ, dough, bread
[5] ἀπαρχή, ῆς, ἡ, first-fruits
[6] ὡσαύτως, adv, similarly, likewise
[7] κεράμιον, ου, τό, earthenware vessel, jar
[8] ἔλαιον, ου, τό, olive oil
[9] ἀπαρχή, ῆς, ἡ, first-fruits
[10] ἀργύριον, ου, τό, silver
[11] ἱματισμός, οῦ, ὁ, clothing
[12] κτῆμα, ατος, τό, property, possessions
[13] ἀπαρχή, ῆς, ἡ, first-fruits
[14] κυριακός, ή, όν, the Lord's
[15] κλάω aor act impv 2s, break
[16] προεξομολογέομαι aor mid ptcp m.p.nom., confess beforehand
[17] παράπτωμα, ατος, τό, transgression
[18] καθαρός, ά, όν, clean, pure
[19] θυσία, ας, ἡ, sacrifice
[20] ἀμφιβολία, ας, ἡ, quarrel
[21] ἑταῖρος, ου, ὁ, comrade, friend
[22] συνέρχομαι aor act impv 3s, come together
[23] διαλλάσσομαι aor act sub 3p, become reconciled
[24] κοινόω aor pass sub 3s, become defiled
[25] θυσία, ας, ἡ, sacrifice
[26] θυσία, ας, ἡ, sacrifice
[27] καθαρός, ά, όν, clean, pure
[28] θαυμαστός, ή, όν, wonderful, marvelous

ΔΙΔΑΧΗ

15:1 Χειροτονήσατε[1] οὖν ἑαυτοῖς ἐπισκόπους[2] καὶ διακόνους[3] ἀξίους τοῦ κυρίου, ἄνδρας πραεῖς[4] καὶ ἀφιλαργύρους[5] καὶ ἀληθεῖς[6] καὶ δεδοκιμασμένους.[7] ὑμῖν γὰρ λειτουργοῦσι[8] καὶ αὐτοὶ τὴν λειτουργίαν[9] τῶν προφητῶν καὶ διδασκάλων. **2** μὴ οὖν ὑπερίδητε[10] αὐτούς· αὐτοὶ γάρ εἰσιν οἱ τετιμημένοι[11] ὑμῶν μετὰ τῶν προφητῶν καὶ διδασκάλων. **3** Ἐλέγχετε[12] δὲ ἀλλήλους μὴ ἐν ὀργῇ, ἀλλ' ἐν εἰρήνῃ ὡς ἔχετε ἐν τῷ εὐαγγελίῳ· καὶ παντὶ ἀστοχοῦντι[13] κατὰ τοῦ ἑτέρου μηδεὶς λαλείτω μηδὲ παρ' ὑμῶν ἀκουέτω, ἕως οὗ μετανοήσῃ. **4** τὰς δὲ εὐχὰς[14] ὑμῶν καὶ τὰς ἐλεημοσύνας[15] καὶ πάσας τὰς πράξεις[16] οὕτω ποιήσατε, ὡς ἔχετε ἐν τῷ εὐαγγελίῳ τοῦ κυρίου ἡμῶν.

16:1 Γρηγορεῖτε[17] ὑπὲρ τῆς ζωῆς ὑμῶν· οἱ λύχνοι[18] ὑμῶν μὴ σβεσθήτωσαν,[19] καὶ αἱ ὀσφύες[20] ὑμῶν μὴ ἐκλυέσθωσαν,[21] ἀλλὰ γίνεσθε ἕτοιμοι·[22] οὐ γὰρ οἴδατε τὴν ὥραν, ἐν ᾗ ὁ κύριος ἡμῶν ἔρχεται. **2** πυκνῶς[23] δὲ συναχθήσεσθε ζητοῦντες τὰ ἀνήκοντα[24]

---

[1] χειροτονέω aor act impv 2p, choose, elect by raising hands
[2] ἐπίσκοπος, ου, ὁ, overseer
[3] διάκονος, ου, ὁ or ἡ, servant
[4] πραΰς, πραεῖα, πραΰ, gentle, humble
[5] ἀφιλάργυρος, ον, not a lover of money
[6] ἀληθής, ές, truthful, honest
[7] δοκιμάζω perf mid/pass ptcp m.p.acc., tested, approved
[8] λειτουργέω pres act ind 3p, perform, serve
[9] λειτρουργία, ας, ἡ, service
[10] ὑπεροράω aor act sub 2p, disdain, despise
[11] τιμάω perf mid/pass ptcp m.p.nom., esteem, honor
[12] ἐλέγχω pres act impv 2p, bring to light, expose
[13] ἀστοχέω pres act ptcp m.s.dat., wrong someone
[14] εὐχή, ῆς, ἡ, prayer
[15] ἐλεημοσύνη, ης, ἡ, alms, charitable gift
[16] πρᾶξις, εως, ἡ, action, deed
[17] γρηγορέω pres act impv 2p, be watchful
[18] λύχνος, ου, ὁ, lamp
[19] σβέννυμι aor pass impv 3p, extinguish, be put out
[20] ὀσφῦς, ύος, ἡ, waist, loins
[21] ἐκλύω aor sub pass 3p, ungirded waist
[22] ἕτοιμος, η, ον, ready
[23] πυκνῶς, frequently, often
[24] ἀνήκω pres act ptcp n.s.acc., belong, relate

ΔΙΔΑΧΗ

ταῖς ψυχαῖς ὑμῶν· οὐ γὰρ ὠφελήσει[1] ὑμᾶς ὁ πᾶς χρόνος τῆς πίστεως ὑμῶν, ἐὰν μὴ ἐν τῷ ἐσχάτῳ καιρῷ τελειωθῆτε.[2] **3** ἐν γὰρ ταῖς ἐσχάταις ἡμέραις πληθυνθήσονται[3] οἱ ψευδοπροφῆται[4] καὶ οἱ φθορεῖς,[5] καὶ στραφήσονται[6] τὰ πρόβατα εἰς λύκους,[7] καὶ ἡ ἀγάπη· στραφήσεται[8] εἰς μῖσος. **4** αὐξανούσης[9] γὰρ τῆς ἀνομίας[10] μισήσουσιν ἀλλήλους καὶ διώξουσι καὶ παραδώσουσι. καὶ τότε φανήσεται ὁ κοσμοπλανὴς[11] ὡς υἱὸς θεοῦ, καὶ ποιήσει σημεῖα καὶ τέρατα,[12] καὶ ἡ γῆ παραδοθήσεται εἰς χεῖρας αὐτοῦ, καὶ ποιήσει ἀθέμιτα,[13] ἃ οὐδέποτε[14] γέγονεν ἐξ αἰῶνος. **5** τότε ἥξει[15] ἡ κτίσις[16] τῶν ἀνθρώπων εἰς τὴν πύρωσιν[17] τῆς δοκιμασίας,[18] καὶ σκανδαλισθήσονται[19] πολλοὶ καὶ ἀπολοῦνται, οἱ δὲ ὑπομείναντες[20] ἐν τῇ πίστει αὐτῶν σωθήσονται ὑπ' αὐτοῦ τοῦ καταθέματος.[21] **6** καὶ τότε φανήσεται τὰ σημεῖα τῆς ἀληθείας· πρῶτον σημεῖον ἐκπετάσεως[22] ἐν οὐρανῷ, εἶτα[23] σημεῖον φωνῆς σάλπιγγος,[24] καὶ τὸ τρίτον ἀνάστασις νεκρῶν. **7** οὐ πάντων δέ, ἀλλ' ὡς ἐρρέθη· Ἥξει[25] ὁ κύριος καὶ πάντες οἱ ἅγιοι μετ' αὐτοῦ. **8** τότε ὄψεται ὁ κόσμος τὸν κύριον ἐρχόμενον ἐπάνω[26] τῶν νεφελῶν[27] τοῦ οὐρανοῦ.

[1] ὠφελέω fut act ind 3s, provide assistance, benefit
[2] τελειόω aor pass sub 2s, complete
[3] πληθύνω fut pass ind 3p, increase grow
[4] ψευδοπροφήτης, ου, ὁ, false prophet
[5] φθορεύς, έως, ὁ, corrupter
[6] στρέφω fut pass ind 3p, turn around
[7] λύκος, ου, ὁ, wolf
[8] στρέφω fut pass ind 3s, turn around
[9] αὐξάνω pres act ptcp f.s.gen., grow
[10] ἀνομία, ας, ἡ, lawlessness
[11] κοσμοπλανής, ῆτος, ὁ, deceiver of the world
[12] τέρας, ατος, τό, wonder
[13] ἀθέμιτος, ον, wanton, commit lawless acts
[14] οὐδέποτε, adv, never
[15] ἥκω fut act ind 3s, come
[16] κτίσις, εως, ἡ, creation
[17] πύρωσις, εως, ἡ, burning
[18] δοκιμασία, ας, ἡ, testing, examination
[19] σκανδαλίζω fut pass ind 3p, cause to sin
[20] ὑπομένω aor act ptcp m.p.nom., endure
[21] κατάθεμα, ατος, τό, curse
[22] ἐκπέτασις, εως, ἡ, opening
[23] εἶτα, adv, next
[24] σάλπιγξ, ιγγος, ἡ, trumpet
[25] ἥκω fut act ind 3s, come
[26] ἐπάνω, prep, above
[27] νεφέλη, ης, ἡ, cloud

Barnabas

APOSTOLIC FATHERS GREEK READER

VOLUME 2

INTRODUCTION TO *EPISTLE OF BARNABAS*

Although some early Christian authors like Clement of Alexandria regarded *The Epistle of Barnabas* as canonical Scripture from the Apostolic era,[1] the work is today recognized as an important witness to early second-century Christianity's search for an identity distinct from Judaism. The letter thus seeks to address the relationship between the Christian Faith and its Jewish parentage as well as the proper way to read the Old Testament.[2]

Date and Author

The beginning (1.1–5) and ending (21.9) are reminiscent of a genuine letter. The author speaks at some length of the joy that he had when he was with his readers and saw first-hand the way that the Holy Spirit had been richly poured out upon their community (1.3). The text does not directly identify a particular author, however. Rather, the writer identifies himself as a spiritual father (1.1; 7.1; 9.7), a servant of the community to which he is writing (6.5), and their teacher (6.10; 14.1; 16.1; 17.1–2). Although there are no actual citations of New Testament texts, there are definite allusions to New Testament passages (e.g., cf. 4.14 with Matt 22:14; 5.9 with Matt 9:13 and Mark 2:17; 7.11 with Acts 14:22; 16.10 with Eph 2:22).[3] And with the explicit mention of the name of Jesus (2.6; 7.7, 10–11; 8.5; 9.7; 11.11; 12.6, 8–10; 14.5), the incarnation and crucifixion (5.1–14; 7.2–11; 8.5; 9.8–9; 11.1; 12.1–11), there is little doubt that this is a Christian text.

The historical Barnabas (Acts 11–15; Gal 2) was regarded as the author by early Christian authors like Clement of Alexandria and

---

[1] Eusebius of Caesarea, *Church History* 6.14.

[2] Michael W. Holmes, *The Apostolic Fathers: Greek Texts and English Translations*, 3rd ed. (Grand Rapids, MI: Baker Academic, 2007), 370.

[3] James Clareton-Paget, "The Epistle of Barnabas and the Writings That Later Formed the New Testament" in The Reception of the New Testament in the Apostolic Fathers, ed. Andrew F. Gregory and Christopher M. Tuckett,(Oxford: Oxford University Press, 2005), 229–49.

Jerome, but contemporary commentators agree that the text is an anonymous creation of the second century.⁴ Without a clearly identified author, precise dating is difficult, although a good case can be made for the first half of the second century—possibly even before the Second Jewish Revolt of 132–35 CE and the possible locale of Alexandria as the site of authorship.⁵

Text Traditions

The *Epistle of Barnabas* appears in two complete Greek texts and nine partial Greek texts. It first appears in Codex Sinaiticus (4ᵗʰ century AD). After the complete New Testament in this codex comes both *Barnabas* and *Shepherd of Hermas*, which may be an indication of the way in which these text two texts were regarded as canonical like the rest of the New Testament. Second, it appears in Codex Hierosolymitanus (1056 CE). This is a famous codex that was identified by Philotheos Bryennios (1833–1917), the Greek Orthodox metropolitan of Nicomedia, in 1873. Other texts from the Apostolic Fathers were found in this codex, namely the *Didache, 1* and *2 Clement*, and the longer recession of the Ignatian Letters.

Noteworthy in *Barnabas* is the Two Ways tradition (18–21). Much of this version of the Two Ways tradition is similar to the Two Ways material in the *Didache* (1–6). However, the consensus among scholars of early Christianity recognizes no literary influence between the *Didache* and *Barnabas*.⁶ Rather, *Barnabas'* grounding of the Two Ways tradition in an angelic cosmology reflects more the Qumran "Treatise of the Two Spirits" (1QS 3–4).

---

⁴ Clayton N. Jefford, *Reading the Apostolic Fathers: A Student's Introduction*, 2ⁿᵈ ed. (Grand Rapids, MI: Baker Academic, 2012), 5–7.

⁵ Stephanie Kershner, "The Epistle to Barnabas" (B.A. thesis, University of Michigan, 2009), 1–6.

⁶ Jonathan A. Draper, "Barnabas and the Riddle of the Didache Revisited," *Journal for the Study of the New Testament* 58 (1995): 89–113. See also the discussion of Kershner, "The Epistle to Barnabas," 40–48.

Theology

Barnabas seeks to provide a coherent rationale for the ongoing use of the Old Testament in a Christian context. The author's anti-Jewish polemic is reflected in his Christian allegorical reading of the Old Testament. Entering the land filled with "milk and honey" (Exod 33:1, 3) now relates to entering the gathered church, where God dwells in the hearts of his saints, being nourished by the Word of God and faith (6.8–18). Jesus was considered a "type" (τύπος) in relation to the Day of Atonement scapegoat (7.7–10). The heifer (8), circumcision (9), and the various food laws (10) are all given Christian allegorical interpretations. Both the cross and baptism (11.1) were foreshadowed in Old Testament literature. *Barnabas* also discusses the present relevance of the Sabbath (15). What is now important is the day on which Christians are able to celebrate the death, resurrection, and ascension of Jesus, that is, the eighth day, the day after the sabbath (15.9). Similarly, the temple is no longer a tangible building. Rather it is those people who have received forgiveness of their sins and who have put their hope in Christ; it is these people alone who are the true spiritual temple (16.8–10).

Concluding Word

The *Epistle of Barnabas* is an early witness to the divide between Christianity and Judaism and the Church's attempt to find an identity distinct from its Jewish matrix. Although both the allegorical interpretations of *Barnabas* and the Two-Ways tradition are inextricably yoked to Old Testament texts and Jewish influence, they actually reveal the thoroughgoing Christianization of this Jewish background in the (Alexandrian?) community that gave rise to what we know as *The Epistle to Barnabas*. This Christianization of the Old Testament would prove to be especially vital in the Church's battle with the Gnostics, who were determined to deprive the Old Testament of its canonical status.[7]

Michael A. G. Haykin

---

[7] See Kershner, "The Epistle to Barnabas," 48–49.

ΒΑΡΝΑΒΑΣ

Notes by Madison N. Pierce

1:1 ΧΑΙΡΕΤΕ, υἱοὶ καὶ θυγατέρες,[1] ἐν ὀνόματι Κυρίου τοῦ ἀγαπήσαντος ἡμᾶς, ἐν εἰρήνῃ.

1:2 Μεγάλων μὲν ὄντων καὶ πλουσίων[2] τῶν τοῦ Θεοῦ δικαιωμάτων[3] εἰς ὑμᾶς, ὑπέρ τι καὶ καθ' ὑπερβολὴν[4] ὑπερευφραίνομαι[5] ἐπὶ τοῖς μακαρίοις καὶ ἐνδόξοις[6] ὑμῶν πνεύμασιν· οὕτως ἔμφυτον[7] τῆς δωρεᾶς[8] πνευματικῆς[9] χάριν εἰλήφατε. **3** διὸ καὶ μᾶλλον συγχαίρω[10] ἐμαυτῷ ἐλπίζων σωθῆναι, ὅτι ἀληθῶς[11] βλέπω ἐν ὑμῖν ἐκκεχυμένον[12] ἀπὸ τοῦ πλουσίου[13] τῆς πηγῆς[14] Κυρίου πνεῦμα ἐφ' ὑμᾶς. οὕτω με ἐξέπληξεν[15] ἐπὶ ὑμῶν ἡ ἐπιπόθητη[16] ὄψις[17] ὑμῶν. **4** πεπεισμένος οὖν τοῦτο καὶ συνειδὼς[18] ἐμαυτῷ, ὅτι ἐν ὑμῖν λαλήσας πολλὰ

---

[1] θυγάτηρ, τρός, ἡ, daughter
[2] πλούσιος, ία, ιον, rich
[3] δικαίωμα, ατος, τό, regulation, righteous deed
[4] ὑπερβολή, ῆς, ἡ, excess
[5] ὑπερευφραίνομαι pres mid/pass ind 1s, rejoice exceedingly
[6] ἔνδοξος, ον, honored, glorious
[7] ἔμφυτος, ον, implanted
[8] δωρεά, ᾶς, ἡ, gift
[9] πνευματικός, ή, όν, spiritual
[10] συγχαίρω pres act ind 1s, rejoice with, congratulate
[11] ἀληθῶς, adv, truly
[12] ἐκχύννω perf mid/pass ptcp n.s.acc., pour out
[13] πλούσιος, ία, ιον, rich
[14] πηγή, ῆς, ἡ, spring, fountain
[15] ἐκπλήσσω aor act ind 3s, amaze, astound
[16] ἐπιπόθητος, ον, longed for, desired
[17] ὄψις, εως, ἡ, sight, outward appearance
[18] σύνοιδα perf act ptcp m.s.nom., be conscious of

ἐπίσταμαι,¹ ὅτι ἐμοὶ συνώδευσεν² ἐν ὁδῷ δικαιοσύνης Κύριος, καὶ πάντως³ ἀναγκάζομαι⁴ κἀγὼ εἰς τοῦτο, ἀγαπᾶν ὑμᾶς ὑπὲρ τὴν ψυχήν μου, ὅτι μεγάλη πίστις καὶ ἀγάπη ἐγκατοικεῖ⁵ ἐν ὑμῖν ἐλπίδι ζωῆς αὐτοῦ. **5** λογισάμενος οὖν τοῦτο, ὅτι ἐὰν μελήσῃ⁶ μοι περὶ ὑμῶν τοῦ μέρος τι μεταδοῦναι⁷ ἀφ᾽ οὗ ἔλαβον, ὅτι ἔσται μοι τοιούτοις πνεύμασιν ὑπηρετήσαντι⁸ εἰς μισθόν,⁹ ἐσπούδασα¹⁰ κατὰ μικρὸν ὑμῖν πέμπειν, ἵνα μετὰ τῆς πίστεως ὑμῶν τελείαν¹¹ ἔχητε τὴν γνῶσιν.¹²

1:6 Τρία οὖν δόγματά¹³ ἐστιν Κυρίου· ζωῆς ἐλπίς, ἀρχὴ καὶ τέλος πίστεως ἡμῶν· καὶ δικαιοσύνη, κρίσεως ἀρχὴ καὶ τέλος· ἀγάπη εὐφροσύνης¹⁴ καὶ ἀγαλλιάσεως,¹⁵ ἔργων δικαιοσύνης μαρτυρία. **7** ἐγνώρισεν¹⁶ γὰρ ἡμῖν ὁ δεσπότης¹⁷ διὰ τῶν προφητῶν τὰ παρεληλυθότα¹⁸ καὶ τὰ ἐνεστῶτα,¹⁹ καὶ τῶν μελλόντων δοὺς ἀπαρχὰς²⁰ ἡμῖν γεύσεως.²¹ ὧν τὰ καθ᾽ ἕκαστα βλέποντες ἐνεργούμενα,²² καθὼς ἐλάλησεν, ὀφείλομεν πλουσιώτερον²³ καὶ ὑψηλότερον²⁴ προσάγειν²⁵ τῷ φόβῳ αὐτοῦ. **8** ἐγὼ

---

¹ ἐπίσταμαι pres mid/pass ind 1s, know
² συνοδεύω aor act ind 3s, travel with
³ πάντως, adv, totally
⁴ ἀναγκάζω pres mid/pass ind 1s, compelled
⁵ ἐγκατοικέω pres act ind 3s, reside
⁶ μέλω aor act sub 3s, be an object of care, be a cause of concern
⁷ μεταδίδωμι aor act inf, impart, share
⁸ ὑπηρετέω aor act ptcp m.s.dat., serve, be helpful
⁹ μισθός, οῦ, ὁ, pay, wages
¹⁰ σπουδάζω aor act ind 1s, be zealous or eager, make every effort
¹¹ τέλειος, α, ον, perfect, mature
¹² γνῶσις, εως, ἡ, knowledge
¹³ δόγμα, ατος, τό, decree
¹⁴ εὐφροσύνη, ης, ἡ, joy
¹⁵ ἀγαλλίασις, εως, ἡ, exultation
¹⁶ γνωρίζω aor act ind 3s, reveal
¹⁷ δεσπότης, ου, ὁ, lord, master
¹⁸ παρέρχομαι perf act ptcp n.p.acc., pass
¹⁹ ἐνίστημι pres act ptcp n.p.acc., be now, happen now
²⁰ ἀπαρχή, ῆς, ἡ, first fruits, first portion
²¹ γεῦσις, εως, ἡ, taste
²² ἐνεργέω pres mid/pass ptcp n.p.acc., work
²³ πλούσιος, ια, ιον, comp, rich
²⁴ ὑψηλός, ή, όν, comp, noble
²⁵ προσάγω pres act inf, approach

δέ, οὐχ ὡς διδάσκαλος ἀλλ' ὡς εἷς ἐξ ὑμῶν, ὑποδείξω[1] ὀλίγα δι' ὧν ἐν τοῖς παροῦσιν[2] εὐφρανθήσεσθε.[3]

2:1 Ἡμερῶν οὖν οὐσῶν πονηρῶν καὶ αὐτοῦ τοῦ ἐνεργοῦντος[4] ἔχοντος τὴν ἐξουσίαν, ὀφείλομεν ἑαυτοῖς προσέχοντες[5] ἐκζητεῖν[6] τὰ δικαιώματα[7] Κυρίου. **2** τῆς οὖν πίστεως ἡμῶν εἰσὶν βοηθοὶ[8] φόβος καὶ ὑπομονή, τὰ δὲ συμμαχοῦντα[9] ἡμῖν μακροθυμία[10] καὶ ἐγκράτεια.[11] **3** τούτων μενόντων τὰ πρὸς Κύριον ἁγνῶς,[12] συνευφραίνονται[13] αὐτοῖς σοφία, σύνεσις,[14] ἐπιστήμη,[15] γνῶσις.[16] **4** πεφανέρωκεν γὰρ ἡμῖν διὰ πάντων τῶν προφητῶν ὅτι οὔτε θυσιῶν[17] οὔτε ὁλοκαυτωμάτων[18] οὔτε προσφορῶν[19] χρῄζει,[20] λέγων ὁτὲ[21] μέν· **5** Τί μοι πλῆθος τῶν θυσιῶν[22] ὑμῶν; λέγει Κύριος. πλήρης[23] εἰμὶ ὁλοκαυτωμάτων,[24] καὶ στέαρ[25] ἀρνῶν[26] καὶ αἷμα ταύρων[27] καὶ τράγων[28] οὐ βούλομαι,

---

[1] ὑποδείκνυμι fut act ind 1s, show, indicate
[2] πάρειμι pres act ptcp n.p.dat., be present
[3] εὐφραίνω fut pass ind 2p, be glad, enjoy oneself
[4] ἐνεργέω pres act ptcp m.s.gen., be active, be at work
[5] προσέχω pres act ptcp m.p.nom., care for
[6] ἐκζητέω pres act inf, desire, search for
[7] δικαίωμα, ατος, τό, regulation, righteous deed
[8] βοηθός, όν, helpful
[9] συμμαχέω pres act ptcp n.p.acc., help, assist
[10] μακροθυμία, ας, ἡ, patience, forbearance
[11] ἐγκράτεια, είας, ἡ, self-control
[12] ἁγνῶς, adv, purely, sincerely
[13] συνευφραίνω pres mid/pass ind 3p, rejoice together with
[14] σύνεσις, εως, ἡ, intelligence, insight
[15] ἐπιστήμη, ης, ἡ, understanding, knowledge
[16] γνῶσις, εως, ἡ, knowledge
[17] θυσία, ας, ἡ, offering, sacrifice
[18] ὁλοκαύτωμα, ατος, τό, whole burnt offering
[19] προσφορά, ᾶς, ἡ, sacrifice, offering
[20] χρῄζω pres act ind 3s, (have) need (of)
[21] ὁτέ, adv, at one point, on one occasion
[22] θυσία, ας, ἡ, offering, sacrifice
[23] πλήρης, ες, full, complete
[24] ὁλοκαύτωμα, ατος, τό, whole burnt offering
[25] στέαρ, ατος, τό, fat
[26] ἀρήν, ἀρνός, ὁ, lamb
[27] ταῦρος, ου, ὁ, bull, ox
[28] τράγος, ου, ὁ, male goat

οὐδ' ἂν ἔρχησθε ὀφθῆναί μοι. τίς γὰρ ἐξεζήτησεν¹ ταῦτα ἐκ τῶν χειρῶν ὑμῶν; πατεῖν² μου τὴν αὐλὴν³ οὐ προσθήσεσθε.⁴ Ἐὰν φέρητε σεμίδαλιν,⁵ μάταιον⁶· θυμίαμα⁷ βδέλυγμά⁸ μοί ἐστιν· τὰς νεομηνίας⁹ ὑμῶν καὶ τὰ σάββατα οὐκ ἀνέχομαι.¹⁰ **6** ταῦτα οὖν κατήργησεν,¹¹ ἵνα ὁ καινὸς νόμος τοῦ Κυρίου ἡμῶν Ἰησοῦ Χριστοῦ, ἄνευ¹² ζυγοῦ¹³ ἀνάγκης¹⁴ ὤν, μὴ ἀνθρωποποίητον¹⁵ ἔχῃ τὴν προσφοράν.¹⁶ **7** λέγει δὲ πάλιν πρὸς αὐτούς· Μὴ ἐγὼ ἐνετειλάμην¹⁷ τοῖς πατράσιν ὑμῶν ἐκπορευομένοις ἐκ γῆς Αἰγύπτου,¹⁸ προσενέγκαι μοι ὁλοκαυτώματα¹⁹ καὶ θυσίας;²⁰ **8** ἀλλ' ἢ τοῦτο ἐνετειλάμην²¹ αὐτοῖς· Ἕκαστος ὑμῶν κατὰ τοῦ πλησίον²² ἐν τῇ καρδίᾳ αὐτοῦ κακίαν²³ μὴ μνησικακείτω,²⁴ καὶ ὅρκον²⁵ ψευδῆ²⁶ μὴ ἀγαπᾶτε. **9** Αἰσθάνεσθαι²⁷ οὖν ὀφείλομεν, μὴ ὄντες ἀσύνετοι,²⁸ τὴν γνώμην²⁹ τῆς ἀγαθωσύνης³⁰ τοῦ πατρὸς ἡμῶν, ὅτι ἡμῖν λέγει, θέλων ἡμᾶς μὴ ὁμοίως πλανωμένους

---

[1] ἐκζητέω aor act ind 3s, desire, search for
[2] πατέω pres act inf, tread, walk
[3] αὐλή, ῆς, ἡ, courtyard
[4] προστίθημι fut pass ind 2p, no longer (lit. add)
[5] σεμίδαλις, εως, ἡ, flour of the best quality
[6] μάταιος, αία, αιον, useless
[7] θυμίαμα, ατος, τό, incense, burnt offering
[8] βδέλυγμα, ατος, τό, loathsome thing, abomination
[9] νεομηνία, ας, ἡ, new moon
[10] ἀνέχω pres mid/pass ind 1s, endure, bear with
[11] καταργέω aor act ind 3s, abolish, invalidate
[12] ἄνευ, prep, without
[13] ζυγός, οῦ, ὁ, yoke
[14] ἀνάγκη, ης, ἡ, necessity
[15] ἀνθρωποποίητος, ον, offering of human origin
[16] προσφορά, ᾶς, ἡ, sacrifice, offering
[17] ἐντέλλω aor mid ind 1s, command
[18] Αἴγυπτος, ου, ἡ, Egypt
[19] ὁλοκαύτωμα, ατος, τό, whole burnt offering
[20] θυσία, ας, ἡ, offering, sacrifice
[21] ἐντέλλω aor mid ind 1s, command
[22] πλησίον, subst: neighbor
[23] κακία, ας, ἡ, depravity, wickedness
[24] μνησικακέω pres act impv 3s, remember evil, bear a grudge
[25] ὅρκος, ου, ὁ, oath
[26] ψευδής, ές, false, lying
[27] αἰσθάνομαι pres mid/pass inf, understand
[28] ἀσύνετος, ον, senseless, foolish
[29] γνώμη, ης, ἡ, mindset, intention
[30] ἀγαθωσύνη, ης, ἡ, goodness, generosity

ἐκείνοις ζητεῖν πῶς προσάγωμεν[1] αὐτῷ. **10** ἡμῖν οὖν οὕτως λέγει· Θυσία[2] τῷ Θεῷ καρδία συντετριμμένη,[3] ὀσμὴ[4] εὐωδίας[5] τῷ Κυρίῳ καρδία δοξάζουσα τὸν πεπλακότα[6] αὐτήν. ἀκριβεύεσθαι[7] οὖν ὀφείλομεν, ἀδελφοί, περὶ τῆς σωτηρίας ἡμῶν, ἵνα μὴ ὁ πονηρὸς παρείσδυσιν[8] πλάνης[9] ποιήσας ἐν ἡμῖν ἐκσφενδονήσῃ[10] ἡμᾶς ἀπὸ τῆς ζωῆς ἡμῶν.

3:1 Λέγει οὖν πάλιν περὶ τούτων πρὸς αὐτούς· Ἵνα τί μοι νηστεύετε,[11] λέγει Κύριος, ὡς σήμερον ἀκουσθῆναι ἐν κραυγῇ[12] τὴν φωνὴν ὑμῶν; οὐ ταύτην τὴν νηστείαν[13] ἐξελεξάμην,[14] λέγει Κύριος, οὐκ ἄνθρωπον ταπεινοῦντα[15] τὴν ψυχὴν αὐτοῦ· **2** οὐδ' ἂν κάμψητε[16] ὡς κρίκον[17] τὸν τράχηλον[18] ὑμῶν καὶ σάκκον[19] ἐνδύσησθε[20] καὶ σποδὸν[21] ὑποστρώσητε,[22] οὐδ' οὕτως καλέσετε νηστείαν[23] δεκτήν.[24] **3** πρὸς ἡμᾶς δὲ λέγει· Ἰδοὺ αὕτη ἡ νηστεία[25]

---

[1] προσάγω pres act sub 1p, approach, come near
[2] θυσία, ας, ἡ, offering, sacrifice
[3] συντρίβω perf mid/pass ptcp f.s.nom., be broken
[4] ὀσμή, ῆς, ἡ, odor, smell
[5] εὐωδία, ας, ἡ, aroma, fragrance
[6] πλάσσω perf act ptcp m.s.acc., form, mold
[7] ἀκριβεύω pres mid/pass inf, pay strict attention
[8] παρείσδυσις, εως, ἡ, slipping in (stealthily), sneaking in
[9] πλάνη, ης, ἡ, error, delusion, deceit
[10] ἐκσφενδονάω aor act sub 3s, hurl away
[11] νηστεύω pres act ind 2p, fast
[12] κραυγή, ῆς, ἡ, loud call or cry, shout
[13] νηστεία, ας, ἡ, going hungry, fast
[14] ἐκλέγομαι aor mid ind 1s, choose (for oneself), select someone or something for oneself
[15] ταπεινόω pres act ptcp m.s.acc., lower, humble, humiliate
[16] κάμπτω aor act sub 2p, bend, bow
[17] κρίκος, ου, ὁ, ring
[18] τράχηλος, ου, ὁ, neck, throat
[19] σάκκος, ου, ὁ, sack, sackcloth
[20] ἐνδύω aor mid sub 2p, clothe oneself in, put on
[21] σποδός, οῦ, ἡ, ashes
[22] ὑποστρωννύω/ὑποστρώννυμι aor act sub 2p, spread out underneath
[23] νηστεία, ας, ἡ, going hungry, fast
[24] δεκτός, ή, όν, pleasing, acceptable
[25] νηστεία, ας, ἡ, going hungry, fast

ἣν ἐγὼ ἐξελεξάμην,¹ λέγει Κύριος· λῦε πᾶν σύνδεσμον² ἀδικίας,³ διάλυε⁴ στραγγαλιὰς⁵ βιαίων⁶ συναλλαγμάτων,⁷ ἀπόστελλε τεθραυσμένους⁸ ἐν ἀφέσει,⁹ καὶ πᾶσαν ἄδικον¹⁰ συγγραφὴν¹¹ διάσπα.¹² διάθρυπτε¹³ πεινῶσιν¹⁴ τὸν ἄρτον σου, καὶ γυμνὸν¹⁵ ἐὰν ἴδῃς περίβαλε·¹⁶ ἀστέγους¹⁷ εἴσαγε¹⁸ εἰς τὸν οἶκόν σου, καὶ ἐὰν ἴδῃς ταπεινόν,¹⁹ οὐχ ὑπερόψῃ²⁰ αὐτόν, οὐδὲ ἀπὸ τῶν οἰκείων²¹ τοῦ σπέρματός σου. **4** τότε ῥαγήσεται²² πρώϊμον²³ τὸ φῶς σου, καὶ τὰ ἰάματά²⁴ σου ταχέως²⁵ ἀνατελεῖ,²⁶ καὶ προπορεύσεται²⁷ ἔμπροσθέν σου ἡ δικαιοσύνη, καὶ ἡ δόξα τοῦ Θεοῦ περιστελεῖ²⁸ σε. **5** τότε βοήσεις,²⁹ καὶ ὁ Θεὸς ἐπακούσεταί³⁰ σου, ἔτι

---

¹ ἐκλέγομαι aor mid ind 1s, choose (for oneself), select someone or something for oneself
² σύνδεσμος, ου, ὁ, fastener, uniting bond
³ ἀδικία, ας, ἡ, wrongdoing, unrighteousness
⁴ διαλύω pres act impv 2s, destroy
⁵ στραγγαλιά, ᾶς, ἡ, knot
⁶ βίαιος, α, ον, violent, forcible
⁷ συνάλλαγμα, ατος, τό, contract, agreement
⁸ θραύω perf mid/pass ptcp m.p.acc., break
⁹ ἄφεσις, έσεως, ἡ, pardon, cancellation
¹⁰ ἄδικος, ον, unjust
¹¹ συγγραφή, ῆς, ἡ, document, contract
¹² διασπάω pres act impv 2s, tear apart, tear up
¹³ διαθρύπτω pres act impv 2s, break
¹⁴ πεινάω pres act ptcp m.p.dat., hunger, be hungry
¹⁵ γυμνός, ή, όν, naked, uncovered
¹⁶ περιβάλλω aor act impv 2s, put on, clothe
¹⁷ ἄστεγος, ον, homeless
¹⁸ εἰσάγω pres act impv 2s, bring in, lead in
¹⁹ ταπεινός, ή, όν, lowly, humble
²⁰ ὑπεροράω fut mid ind 2s, disdain, despise
²¹ οἰκεῖος, α, ον, members of a household
²² ῥήγνυμι fut pass ind 3s, tear, break
²³ πρόϊμος, ον, early rain, early crops
²⁴ ἴαμα, ατος, τό, healing
²⁵ ταχέως, adv, quickly, at once
²⁶ ἀνατέλλω fut act ind 3s, cause to spring up, shine brightly
²⁷ προπορεύομαι fut mid ind 3s, go on before
²⁸ περιστέλλω fut act ind 3s, clothe
²⁹ βοάω fut act ind 2s, call, shout, cry out
³⁰ ἐπακούω fut mid ind 3s, hear, listen to

λαλοῦντός σου ἐρεῖ, Ἰδοὺ πάρειμι·[1] ἐὰν ἀφέλῃς[2] ἀπὸ σοῦ σύνδεσμον[3] καὶ χειροτονίαν[4] καὶ ῥῆμα γογγυσμοῦ,[5] καὶ δῷς πεινῶντι[6] τὸν ἄρτον σου ἐκ ψυχῆς σου, καὶ ψυχὴν τεταπεινωμένην[7] ἐλεήσῃς.[8] **6** εἰς τοῦτο οὖν, ἀδελφοί, ὁ μακρόθυμος[9] προβλέψας,[10] ὡς ἐν ἀκεραιοσύνῃ[11] πιστεύσει ὁ λαὸς ὃν ἡτοίμασεν ἐν τῷ ἠγαπημένῳ αὐτοῦ, προεφανέρωσεν[12] ἡμῖν περὶ πάντων, ἵνα μὴ προσρησσώμεθα[13] ὡς ἐπήλυτοι[14] τῷ ἐκείνων νόμῳ.

4:1 Δεῖ οὖν ἡμᾶς περὶ τῶν ἐνεστώτων[15] ἐπιπολὺ[16] ἐραυνῶντας[17] ἐκζητεῖν[18] τὰ δυνάμενα ἡμᾶς σώζειν. φύγωμεν[19] οὖν τελείως[20] ἀπὸ πάντων τῶν ἔργων τῆς ἀνομίας,[21] μήποτε[22] καταλάβῃ[23] ἡμᾶς τὰ ἔργα τῆς ἀνομίας.[24] καὶ μισήσωμεν τὴν πλάνην[25] τοῦ νῦν καιροῦ, ἵνα εἰς τὸν μέλλοντα ἀγαπηθῶμεν. **2** μὴ δῶμεν τῇ

---

[1] πάρειμι pres act ind 1s, be present
[2] ἀφαιρέω aor act sub 2s, take away, remove
[3] σύνδεσμος, ου, ὁ, fastener, uniting bond
[4] χειροτονία, ας, ἡ, scornful gesture
[5] γογγυσμός, οῦ, ὁ, behind-the-scenes talk
[6] πεινάω pres act ptcp m.s.dat., hunger, be hungry
[7] ταπεινόω perf mid/pass ptcp f.s.acc., lower, humble, humiliate
[8] ἐλεέω aor act sub 2s, have compassion, pity
[9] μακρόθυμος, ον, patient, forbearing
[10] προβλέπω aor act ptcp m.s.nom., foresee, provide
[11] ἀκεραιοσύνη, ης, ἡ, purity
[12] προφανερόω aor act ind 3s, reveal beforehand
[13] προσρήσσω pres mid/pass sub 1p, break into pieces, shatter
[14] ἐπήλυτος, ον, come lately, come after
[15] ἐνίστημι perf act ptcp n.p.gen., be now, happen now
[16] ἐπιπολύ, adv, to a greater extent, further
[17] ἐραυνάω pres act ptcp m.p.acc., search, examine, investigate
[18] ἐκζητέω pres act inf, seek out, search for
[19] φεύγω aor act sub 1p, flee from, avoid
[20] τελείως, adv, fully, perfectly, completely
[21] ἀνομία, ας, ἡ, lawlessness
[22] μήποτε, conj, lest
[23] καταλαμβάνω aor act sub 3s, catch up with, seize
[24] ἀνομία, ας, ἡ, lawlessness
[25] πλάνη, ης, ἡ, error, delusion, deceit

ἑαυτῶν ψυχῇ ἄνεσιν,[1] ὥστε ἔχειν αὐτὴν ἐξουσίαν μετὰ ἁμαρτωλῶν καὶ πονηρῶν συντρέχειν,[2] μήποτε[3] ὁμοιωθῶμεν[4] αὐτοῖς. 3 τὸ τέλειον[5] σκάνδαλον[6] ἤγγικεν, περὶ οὗ γέγραπται, ὡς Ἐνὼχ[7] λέγει. εἰς τοῦτο γὰρ ὁ δεσπότης[8] συντέτμηκεν[9] τοὺς καιροὺς καὶ τὰς ἡμέρας, ἵνα ταχύνῃ[10] ὁ ἠγαπημένος αὐτοῦ καὶ ἐπὶ τὴν κληρονομίαν[11] ἥξῃ.[12] 4 λέγει δὲ οὕτως καὶ ὁ προφήτης· Βασιλεῖαι δέκα[13] ἐπὶ τῆς γῆς βασιλεύσουσιν,[14] καὶ ἐξαναστήσεται[15] ὄπισθεν[16] αὐτῶν μικρὸς βασιλεύς, ὃς ταπεινώσει[17] τρεῖς ὑφ' ἓν τῶν βασιλειῶν. 5 ὁμοίως περὶ τοῦ αὐτοῦ λέγει Δανιήλ·[18] καὶ εἶδον τὸ τέταρτον[19] θηρίον πονηρὸν καὶ ἰσχυρὸν[20] καὶ χαλεπώτερον[21] παρὰ πάντα τὰ θηρία τῆς γῆς, καὶ ὡς ἐξ αὐτοῦ ἀνέτειλεν[22] δέκα[23] κέρατα,[24] καὶ ἐξ αὐτῶν μικρὸν κέρας[25] παραφυάδιον,[26] καὶ ὡς ἐταπείνωσεν[27] ὑφ' ἓν τρία τῶν μεγάλων κεράτων.[28] 6 συνιέναι[29] οὖν ὀφείλετε. Ἔτι δὲ καὶ τοῦτο ἐρωτῶ

---

[1] ἄνεσις, εως, ἡ, rest, relaxation
[2] συντρέχω pres act inf, be in league with, go with
[3] μήποτε, conj, lest
[4] ὁμοιόω aor pass sub 1p, make like
[5] τέλειος, α, ον, perfect, mature
[6] σκάνδαλον, ου, τό, temptation to sin, enticement
[7] Ἐνώχ, ὁ, Enoch
[8] δεσπότης, ου, ὁ, lord, master
[9] συντέμνω perf act ind 3s, cut short, shorten, limit
[10] ταχύνω pres act sub 3s, hasten, hurry
[11] κληρονομία, ας, ἡ, inheritance, possession
[12] ἥκω aor act sub 3s, come
[13] δέκα, ten
[14] βασιλεύω fut act ind 3p, be king, rule
[15] ἐξανίστημι fut mid ind 3s, rise up
[16] ὄπισθεν, prep, after
[17] ταπεινόω fut act ind 3s, lower, humble, humiliate
[18] Δανιήλ, ὁ, Daniel
[19] τέταρτος, η, ον, fourth
[20] ἰσχυρός, ά, όν, strong
[21] χαλεπός, ή, όν, hard, difficult, comp
[22] ἀνατέλλω aor act ind 3s, cause to spring, cause to rise up
[23] δέκα, ten
[24] κέρας, ατος, τό, horn
[25] κέρας, ατος, τό, horn
[26] παραφυάδιον, ου, τό, little offshoot
[27] ταπεινόω aor act ind 3s, lower, humble, humiliate
[28] κέρας, ατος, τό, horn
[29] συνίημι pres act inf, understand, comprehend

ὑμᾶς ὡς εἷς ἐξ ὑμῶν ὤν, ἰδίως¹ δὲ καὶ πάντας ἀγαπῶν ὑπὲρ τὴν ψυχήν μου, προσέχειν² νῦν ἑαυτοῖς καὶ μὴ ὁμοιοῦσθαί³ τισιν, ἐπισωρεύοντας⁴ ταῖς ἁμαρτίαις ὑμῶν λέγοντας ὅτι ἡ διαθήκη ὑμῶν ὑμῖν μένει. ἡμῶν μέν· ἀλλ' ἐκεῖνοι οὕτως εἰς τέλος ἀπώλεσαν αὐτήν, λαβόντος ἤδη τοῦ Μωϋσέω **7** λέγει γὰρ ἡ γραφή· Καὶ ἦν Μωϋσῆς ἐν τῷ ὄρει νηστεύων⁵ ἡμέρας τεσσεράκοντα⁶ καὶ νύκτας τεσσεράκοντα⁷ καὶ ἔλαβεν τὴν διαθήκην ἀπὸ τοῦ Κυρίου, πλάκας⁸ λιθίνας⁹ γεγραμμένας τῷ δακτύλῳ¹⁰ τῆς χειρὸς τοῦ Κυρίου. **8** ἀλλὰ ἐπιστραφέντες ἐπὶ τὰ εἴδωλα¹¹ ἀπώλεσαν αὐτήν. λέγει γὰρ οὕτως Κύριος· Μωϋσῆ Μωϋσῆ, κατάβηθι τὸ τάχος,¹² ὅτι ἠνόμησεν¹³ ὁ λαός σου, οὓς ἐξήγαγες¹⁴ ἐκ γῆς Αἰγύπτου.¹⁵ καὶ συνῆκεν¹⁶ Μωϋσῆς καὶ ἔριψεν¹⁷ τὰς δύο πλάκας¹⁸ ἐκ τῶν χειρῶν αὐτοῦ, καὶ συνετρίβη¹⁹ αὐτῶν ἡ διαθήκη, ἵνα ἡ τοῦ ἠγαπημένου Ἰησοῦ ἐνκατασφραγισθῇ²⁰ εἰς τὴν καρδίαν ἡμῶν ἐν ἐλπίδι τῆς πίστεως αὐτοῦ. **9** Πολλὰ δὲ θέλων γράφειν, οὐχ ὡς διδάσκαλος ἀλλ' ὡς πρέπει²¹ ἀγαπῶντι ἀφ' ὧν ἔχομεν μὴ ἐλλείπειν,²² γράφειν

---

¹ ἰδίως, adv, in a special way, especially
² προσέχω pres act inf, care for
³ ὁμοιόω pres mid/pass inf, make like
⁴ ἐπισωρεύω pres act ptcp m.p.acc., heap up
⁵ νηστεύω pres act ptcp m.s.nom., fast
⁶ τεσσεράκοντα, forty
⁷ τεσσεράκοντα, forty
⁸ πλάξ, πλακός, ἡ, tablet
⁹ λίθινος, ίνη, ον, (made of) stone
¹⁰ δάκτυλος, ου, ὁ, finger
¹¹ εἴδωλον, ου, τό, idol
¹² τάχος, ους, τό, speed, haste, very quickly
¹³ ἀνομέω aor act ind 3s, be lawless, sin
¹⁴ ἐξάγω aor act ind 2s, lead out, bring out
¹⁵ Αἴγυπτος, ου, ἡ, Egypt
¹⁶ συνίημι aor act ind 3s, understand, comprehend
¹⁷ ῥίπτω, ῥιπτέω aor act ind 3s, throw
¹⁸ πλάξ, πλακός, ἡ, tablet
¹⁹ συντρίβω aor pass ind 3s, shatter, smash
²⁰ ἐγκατασφραγίζω aor pass sub 3s, seal
²¹ πρέπω pres act ind 3s, be fitting, be suitable
²² ἐλλείπω pres act inf, leave off

ἐσπούδασα,[1] περίψημα[2] ὑμῶν. διὸ προσέχωμεν[3] ἐν ταῖς ἐσχάταις ἡμέραις, οὐδὲν γὰρ ὠφελήσει[4] ἡμᾶς ὁ πᾶς χρόνος τῆς πίστεως ἡμῶν, ἐὰν μὴ νῦν ἐν τῷ ἀνόμῳ[5] καιρῷ καὶ τοῖς μέλλουσιν σκανδάλοις,[6] ὡς πρέπει[7] υἱοῖς Θεοῦ, ἀντιστῶμεν, ἵνα μὴ σχῇ παρείσδυσιν[8] ὁ μέλας.[9] **10** φύγωμεν[10] ἀπὸ πάσης ματαιότητος,[11] μισήσωμεν τελείως[12] τὰ ἔργα τῆς πονηρᾶς ὁδοῦ. Μὴ καθ' ἑαυτοὺς ἐνδύνοντες[13] μονάζετε[14] ὡς ἤδη δεδικαιωμένοι, ἀλλ' ἐπὶ τὸ αὐτὸ συνερχόμενοι συνζητεῖτε[15] περὶ τοῦ κοινῇ[16] συμφέροντος.[17] **11** λέγει γὰρ ἡ γραφή· Οὐαὶ οἱ συνετοὶ[18] ἑαυτοῖς καὶ ἐνώπιον ἑαυτῶν ἐπιστήμονες.[19] γενώμεθα πνευματικοί,[20] γενώμεθα ναὸς τέλειος[21] τῷ Θεῷ. ἐφ' ὅσον ἐστὶν ἐν ἡμῖν, μελετῶμεν[22] τὸν φόβον τοῦ Θεοῦ καὶ φυλάσσειν ἀγωνιζώμεθα[23] τὰς ἐντολὰς αὐτοῦ, ἵνα ἐν τοῖς δικαιώμασιν[24] αὐτοῦ

---

[1] σπουδάζω aor act ind 1s, be zealous, make every effort
[2] περίψημα, ατος, τό, dirt, offscouring
[3] προσέχω pres act sub 1p, care for
[4] ὠφελέω fut act ind 3s, help, aid, benefit
[5] ἄνομος, ον, lawless
[6] σκάνδαλον, ου, τό, temptation to sin, enticement
[7] πρέπω pres act ind 3s, be fitting, be suitable
[8] παρείσδυσις, εως, ἡ, slipping in (stealthily), sneaking in
[9] μέλας, μέλαινα, μέλαν, black
[10] φεύγω aor act sub 1p, flee from, avoid
[11] ματαιότης, ητος, ἡ emptiness, futility
[12] τελείως, adv, perfectly, completely
[13] ἐνδύνω pres act ptcp m.p.nom., slip in, retire within
[14] μονάζω pres act impv 2p, live alone, separate oneself
[15] συνζητέω pres act impv 2p, seek with, seek together
[16] κοινός, ή, όν, communal, common
[17] συμφέρω pres act ptcp n.s.gen., bring together, help, confer a benefit
[18] συνετός, ή, όν, intelligent, sagacious
[19] ἐπιστήμων, ον, expert, learned, understanding
[20] πνευματικός, ή, όν, spiritual
[21] τέλειος, α, ον, perfect, mature
[22] μελετάω pres act sub 1p, cultivate, think upon
[23] ἀγωνίζομαι pres mid/pass sub 1p, fight struggle
[24] δικαίωμα, ατος, τό, regulation, righteous deed

εὐφρανθῶμεν.[1] **12** ὁ Κύριος ἀπροσωπολήμπτως[2] κρινεῖ τὸν κόσμον. ἕκαστος καθὼς ἐποίησεν κομιεῖται[3]·ἐὰν ᾖ ἀγαθός, ἡ δικαιοσύνη αὐτοῦ προηγήσεται[4] αὐτοῦ· ἐὰν ᾖ πονηρός, ὁ μισθὸς[5] τῆς πονηρίας[6] ἔμπροσθεν αὐτοῦ· **13** ἵνα μήποτε[7] ἐπαναπαυόμενοι[8] ὡς κλητοὶ[9] ἐπικαθυπνώσωμεν[10] ταῖς ἁμαρτίαις ἡμῶν, καὶ ὁ πονηρὸς ἄρχων λαβὼν τὴν καθ' ἡμῶν ἐξουσίαν ἀπώσηται[11] ἡμᾶς ἀπὸ τῆς βασιλείας τοῦ Κυρίου. **14** Ἔτι δὲ κἀκεῖνο, ἀδελφοί μου, νοεῖτε·[12] ὅταν βλέπετε μετὰ τηλικαῦτα[13] σημεῖα καὶ τέρατα[14] γεγονότα ἐν τῷ Ἰσραήλ, καὶ οὕτως ἐνκαταλελεῖφθαι[15] αὐτούς, προσέχωμεν,[16] μήποτε,[17] ὡς γέγραπται, πολλοὶ κλητοί,[18] ὀλίγοι δὲ ἐκλεκτοί[19] εὑρεθῶμεν.

5:1 Εἰς τοῦτο γὰρ ὑπέμεινεν[20] ὁ Κύριος παραδοῦναι τὴν σάρκα εἰς καταφθοράν,[21] ἵνα τῇ ἀφέσει[22] τῶν ἁμαρτιῶν ἁγνισθῶμεν,[23] ὅ ἐστιν ἐν τῷ αἵματι τοῦ ῥαντίσματος[24] αὐτοῦ. **2** γέγραπται

---

[1] εὐφραίνω aor pass sub 1p, gladden, cheer up
[2] ἀπροσωπολήμπτως, adv, impartially
[3] κομίζω fut mid ind 3s, get back, recover
[4] προηγέομαι fut mid ind 3s, go before and show the way
[5] μισθός, οῦ, ὁ, pay, wages
[6] πονηρία, ας, ἡ, wickedness, baseness
[7] μήποτε, conj, lest
[8] ἐπαναπαύομαι pres mid/pass ptcp m.p.nom., rest, take one's rest
[9] κλητός, ή, όν, called, invited
[10] ἐπικαθυπνόω aor act sub 1p, fall asleep over
[11] ἀπωθέω aor mid sub 3s, reject, force someone out of something
[12] νοέω pres act impv 2p, consider, take note of
[13] τηλικοῦτος, αύτη, οῦτο, so great, so large
[14] τέρας, ατος, τό, prodigy, portent, wonder
[15] ἐγκαταλείπω pres mid/pass inf, forsake, abandon
[16] προσέχω pres act sub 1p, care for
[17] μήποτε, conj, lest
[18] κλητός, ή, όν, called, invited
[19] ἐκλεκτός, ή, όν, chosen, elect
[20] ὑπομένω aor act ind 3s, hold fast, endure
[21] καταφθορά, ᾶς, ἡ, destruction, downfall, corruption
[22] ἄφεσις, έσεως, ἡ, pardon, cancellation
[23] ἁγνίζω aor pass sub 1p, purify, dedicate oneself
[24] ῥάντισμα, ατος, τό, sprinkling

γ ἀρπερὶ αὐτοῦ ἃ μὲν πρὸς τὸν Ἰσραήλ, ἃ δὲ πρὸς ἡμᾶς· λέγει δὲ οὕτως· Ἐτραυματίσθη[1] διὰ τὰς ἀνομίας[2] ἡμῶν καὶ μεμαλάκισται[3] διὰ τὰς ἁμαρτίας ἡμῶν· τῷ μώλωπι[4] αὐτοῦ ἡμεῖς ἰάθημεν.[5] ὡς πρόβατον ἐπὶ σφαγὴν[6] ἤχθη καὶ ὡς ἀμνὸς[7] ἄφωνος[8] ἐναντίον[9] τοῦ κείραντος[10] αὐτόν. 3 οὐκοῦν[11] ὑπερευχαριστεῖν[12] ὀφείλομεν τῷ Κυρίῳ, ὅτι καὶ τὰ παρεληλυθότα[13] ἡμῖν ἐγνώρισεν[14] καὶ ἐν τοῖς ἐνεστῶσιν[15] ἡμᾶς ἐσόφισεν,[16] καὶ εἰς τὰ μέλλοντα οὐκ ἐσμὲν ἀσύνετοι.[17] 4 λέγει δὲ ἡ γραφή· Οὐκ ἀδίκως[18] ἐκτείνεται[19] δίκτυα[20] πτερωτοῖς.[21] τοῦτο λέγει ὅτι δικαίως[22] ἀπολεῖται ἄνθρωπος, ὃς ἔχων ὁδοῦ δικαιοσύνης γνῶσιν,[23] ἑαυτὸν εἰς ὁδὸν σκότους ἀποσυνέχει.[24] 5 Ἔτι δὲ καὶ τοῦτο, ἀδελφοί μου· εἰ ὁ Κύριος ὑπέμεινεν[25] παθεῖν περὶ τῆς ψυχῆς ἡμῶν, ὢν παντὸς τοῦ κόσμου Κύριος, ᾧ εἶπεν ὁ Θεὸς ἀπὸ καταβολῆς[26] κόσμου· Ποιήσωμεν ἄνθρωπον κατ' εἰκόνα[27] καὶ

---

[1] τραυματίζω aor pass ind 3s, wound
[2] ἀνομία, ας, ἡ, lawlessness
[3] μαλακίζομαι perf mid/pass ind 3s, be or become weak, discouraged, sick
[4] μώλωψ, ωπος ὁ, welt, bruise, wound
[5] ἰάομαι aor pass ind 1p, heal, cure
[6] σφαγή, ῆς, ἡ, slaughter
[7] ἀμνός, οῦ, ὁ, lamb
[8] ἄφωνος, ον, silent, mute
[9] ἐναντίον, prep, before, in the sight of
[10] κείρω aor act ptcp m.s.gen., shear
[11] οὐκοῦν, conj, therefore, so, accordingly
[12] ὑπερευχαριστέω pres act inf, give heartiest thanks
[13] παρέρχομαι perf act ptcp n.p.acc., pass
[14] γνωρίζω aor act ind 3s, reveal
[15] ἐνίστημι pres act ptcp n.p.dat., be now, happen now
[16] σοφίζω aor act ind 3s, make wise
[17] ἀσύνετος, ον, senseless, foolish
[18] ἀδίκως, adv, unjustly
[19] ἐκτείνω pres mid/pass ind 3s, stretch out
[20] δίκτυον, ου, τό, fishnet
[21] πτερωτός, ή, όν, feathered, winged
[22] δικαίως, adv, justly
[23] γνῶσις, εως, ἡ, knowledge
[24] ἀποσυνέχω pres act ind 3s, hold, keep
[25] ὑπομένω aor act ind 3s, hold fast, endure
[26] καταβολή, ῆς, ἡ, foundation
[27] εἰκών, όνος, ἡ, form, appearance

καθ' ὁμοίωσιν[1] ἡμετέραν,[2] πῶς οὖν ὑπέμεινεν[3] ὑπὸ χειρὸς ἀνθρώπων παθεῖν; μάθετε.[4] **6** οἱ προφῆται, ἀπ' αὐτοῦ ἔχοντες τὴν χάριν, εἰς αὐτὸν ἐπροφήτευσαν.[5] αὐτὸς δὲ ἵνα καταργήσῃ[6] τὸν θάνατον καὶ τὴν ἐκ νεκρῶν ἀνάστασιν δείξῃ, ὅτι ἐν σαρκὶ ἔδει αὐτὸν φανερωθῆναι, ὑπέμεινεν,[7] **7** ἵνα καὶ τοῖς πατράσιν τὴν ἐπαγγελίαν ἀποδῷ καὶ αὐτὸς ἑαυτῷ τὸν λαὸν τὸν καινὸν ἑτοιμάζων ἐπιδείξῃ,[8] ἐπὶ τῆς γῆς ὤν, ὅτι τὴν ἀνάστασιν αὐτὸς ποιήσας κρινεῖ. **8** πέρας[9] γέ[10] τοι[11] διδάσκων τὸν Ἰσραὴλ καὶ τηλικαῦτα[12] τέρατα[13] καὶ σημεῖα ποιῶν, ἐκήρυσσεν καὶ ὑπερηγάπησεν[14] αὐτόν. **9** ὅτε δὲ τοὺς ἰδίους ἀποστόλους τοὺς μέλλοντας κηρύσσειν τὸ εὐαγγέλιον αὐτοῦ ἐξελέξατο,[15] ὄντας ὑπὲρ πᾶσαν ἁμαρτίαν ἀνομωτέρους[16] ἵνα δείξῃ ὅτι οὐκ ἦλθεν καλέσαι δικαίους ἀλλὰ ἁμαρτωλούς, τότε ἐφανέρωσεν ἑαυτὸν εἶναι υἱὸν Θεοῦ. **10** Εἰ γὰρ μὴ ἦλθεν ἐν σαρκί, οὐδ' ἂν πως[17] οἱ ἄνθρωποι ἐσώθησαν βλέποντες αὐτόν· ὅτε τὸν μέλλοντα μὴ εἶναι ἥλιον, ἔργον τῶν χειρῶν αὐτοῦ ὑπάρχοντα, ἐμβλέποντες[18] οὐκ ἰσχύουσιν[19] εἰς τὰς ἀκτῖνας[20] αὐτοῦ ἀντοφθαλμῆσαι.[21] **11**

---

[1] ὁμοίωσις, εως, ἡ, likeness, resemblance
[2] ἡμέτερος, α, ον, our
[3] ὑπομένω aor act ind 3s, hold fast, endure
[4] μανθάνω aor act impv 2p, learn
[5] προφητεύω aor act ind 3s, prophesy
[6] καταργέω aor act sub 3s, abolish, invalidate
[7] ὑπομένω aor act ind 3s, hold fast, endure
[8] ἐπιδείκνυμι aor act sub 3s, demonstrate, show
[9] πέρας, adv, finally, in conclusion
[10] γέ, conj, at least, even, indeed
[11] τοί, surely
[12] τηλικοῦτος, αύτη, οῦτο, so great, so large
[13] τέρας, ατος, τό, prodigy, portent, wonder
[14] ὑπεραγαπάω aor act ind 3s, love most dearly
[15] ἐκλέγομαι aor mid ind 3s, choose (for oneself), select someone or something for oneself
[16] ἄνομος, ον, comp, lawless
[17] πως, somehow, in some way
[18] ἐμβλέπω pres act ptcp m.p.nom., look at, gaze on
[19] ἰσχύω pres act ind 3p, be able
[20] ἀκτίς, ῖνος, ἡ, ray, beam
[21] ἀντοφθαλμέω aor act inf, look directly at

ούκοῦν¹ ὁ υἱὸς τοῦ Θεοῦ εἰς τοῦτο ἐν σαρκὶ ἦλθεν, ἵνα τὸ τέλειον² τῶν ἁμαρτιῶν ἀνακεφαλαιώσῃ³ τοῖς διώξασιν ἐν θανάτῳ τοὺς προφήτας αὐτοῦ. **12** ούκοῦν⁴ εἰς τοῦτο ὑπέμεινεν.⁵ λέγει γὰρ ὁ Θεὸς τὴν πληγὴν⁶ τῆς σαρκὸς αὐτοῦ ὅτι ἐξ αὐτῶν· Ὅταν πατάξωσιν⁷ τὸν ποιμένα⁸ ἑαυτῶν, τότε ἀπολεῖται τὰ πρόβατα τῆς ποίμνης.⁹ **13** Αὐτὸς δὲ ἠθέλησεν οὕτω παθεῖν, ἔδει γὰρ ἵνα ἐπὶ ξύλου¹⁰ πάθῃ. λέγει γὰρ ὁ προφητεύων¹¹ ἐπ' αὐτῷ· Φεῖσαί¹² μου τῆς ψυχῆς ἀπὸ ῥομφαίας,¹³ καί· Καθήλωσόν¹⁴ μου τὰς σάρκας, ὅτι πονηρευομένων¹⁵ συναγωγαὶ ἐπανέστησάν¹⁶ μοι. **14** καὶ πάλιν λέγει· Ἰδοὺ τέθεικά μου τὸν νῶτον¹⁷ εἰς μάστιγας,¹⁸ τὰς δὲ σιαγόνας¹⁹ μου εἰς ῥαπίσματα,²⁰ τὸ δὲ πρόσωπόν μου ἔθηκα ὡς στερεὰν²¹ πέτραν.²²

6:1 Ὅτε οὖν ἐποίησεν τὴν ἐντολήν, τί λέγει; Τίς ὁ κρινόμενός μοι; ἀντιστήτω²³ μοι· ἢ τίς ὁ δικαιούμενός μοι; ἐγγισάτω τῷ παιδί²⁴ Κυρίου. **2** οὐαὶ ὑμῖν, ὅτι ὑμεῖς πάντες ὡς ἱμάτιον

---

¹ οὐκοῦν, conj, therefore, so, accordingly
² τέλειος, α, ον, perfect, mature
³ ἀνακεφαλαιόω aor act sub 3s, sum up, recapitulate
⁴ οὐκοῦν, conj, therefore, so, accordingly
⁵ ὑπομένω aor act ind 3s, hold fast, endure
⁶ πληγή, ῆς, ἡ, wound, bruise
⁷ πατάσσω aor act sub 3p, strike down, slay
⁸ ποιμήν, ένος, ὁ, shepherd
⁹ ποιμήν, ένος, ὁ, shepherd
¹⁰ ξύλον, ου, τό, wood
¹¹ προφητεύω pres act ptcp m.s.nom., prophesy
¹² φείδομαι aor mid impv 2s, spare
¹³ ῥομφαία, ας, ἡ, sword
¹⁴ καθηλόω aor act impv 2s, nail on
¹⁵ πονηρεύομαι pres mid/pass ptcp m.p.gen., do wrong, commit sin
¹⁶ ἐπανίστημι aor act ind 3p, rise up, rise up in rebellion
¹⁷ νῶτος, ου, ὁ, back
¹⁸ μάστιξ, ιγος, ἡ, whip, lash
¹⁹ σιαγών, όνος, ἡ, cheek
²⁰ ῥάντισμα, ατος, τό, sprinkling
²¹ στερεός, ά, όν, firm, solid
²² πέτρα, ας, ἡ, rock
²³ ἀνθίστημι aor act impv 3s, set oneself against, oppose
²⁴ παῖς, παιδός, ὁ, ἡ, child

παλαιωθήσεσθε,[1] καὶ σὴς[2] καταφάγεται[3] ὑμᾶς. καὶ πάλιν λέγει ὁ προφήτης, ἐπεὶ[4] ὡς λίθος ἰσχυρὸς[5] ἐτέθη εἰς συντριβήν.[6] Ἰδοὺ ἐμβαλῶ[7] εἰς τὰ θεμέλια[8] Σιὼν[9] λίθον πολυτελῆ,[10] ἐκλεκτόν,[11] ἀκρογωνιαῖον,[12] ἔντιμον.[13] **3** εἶτα[14] τί λέγει; Καὶ ὃς ἐλπίσει ἐπ' αὐτὸν ζήσεται εἰς τὸν αἰῶνα. ἐπὶ λίθον οὖν ἡμῶν ἡ ἐλπίς; μὴ γένοιτο· ἀλλ' ἐπεὶ[15] ἐν ἰσχύϊ[16] τέθεικεν τὴν σάρκα αὐτοῦ ὁ Κύριος. λέγει γάρ· Καὶ ἔθηκέν με ὡς στερεὰν[17] πέτραν.[18] **4** λέγει δὲ πάλιν ὁ προφήτης· Λίθον ὃν ἀπεδοκίμασαν[19] οἱ οἰκοδομοῦντες, οὗτος ἐγενήθη εἰς κεφαλὴν γωνίας.[20] καὶ πάλιν λέγει· Αὕτη ἐστὶν ἡ ἡμέρα ἡ μεγάλη καὶ θαυμαστή,[21] ἣν ἐποίησεν ὁ Κύριος. **5** Ἁπλούστερον[22] ὑμῖν γράφω, ἵνα συνιῆτε,[23] ἐγὼ περίψημα[24] τῆς ἀγάπης ὑμῶν. **6** τί οὖν λέγει πάλιν ὁ προφήτης; Περιέσχεν[25] με συναγωγὴ πονηρευομένων,[26] ἐκύκλωσάν[27] με ὡσεὶ[28] μέλισσαι[29] κηρίον,[30] καί· Ἐπὶ τὸν

---

[1] παλαιόω fut pass sub 2p, become old
[2] σής, σητός, ὁ, moth
[3] κατεσθίω/κατέσθω fut mid ind 3s, eat up, consume, devour
[4] ἐπεί, conj, because, since, for
[5] ἰσχυρός, ά, όν, strong
[6] συντριβή, ῆς, ἡ, crushing, destruction
[7] ἐμβάλλω fut act ind 1s, throw
[8] θεμέλιον, ου, τό, foundation, basis
[9] Σιών, ἡ, Mt. Zion, the people of God
[10] πολυτελής, ές, expensive, costly
[11] ἐκλεκτός, ή, όν, chosen, elect
[12] ἀκρογωνιαῖος, α, ον, cornerstone
[13] ἔντιμος, ον, valuable, precious
[14] εἶτα, adv, furthermore, then, next
[15] ἐπεί, conj, because, since, for
[16] ἰσχύς, ύος, ἡ, strength, power, might
[17] στερεός, ά, όν, firm, solid
[18] πέτρα, ας, ἡ, rock
[19] ἀποδοκιμάζω aor act ind 3p, reject
[20] γωνία, ας, ἡ, corner
[21] θαυμαστός, ή, όν, wonderful, marvelous, remarkable
[22] ἁπλοῦς, ῆ, οῦν, comp, simple, sincere, straightforward
[23] συνίημι pres act sub 2p, understand, comprehend
[24] περίψημα, ατος, τό, dirt, off-scouring
[25] περιέχω aor act ind 3s, surround, encircle
[26] πονηρεύομαι pres mid/pass ptcp m.p.gen., do wrong, commit sin
[27] κυκλόω aor act ind 3p, surround, encircle
[28] ὡσεί, as, like
[29] μέλισσα, ης, ἡ, bee
[30] κηρίον, ου, τό, wax, honeycomb

ἱματισμόν[1] μου ἔβαλον κλῆρον[2] **7** ἐν σαρκὶ οὖν αὐτοῦ μέλλοντος φανεροῦσθαι καὶ πάσχειν, προεφανερώθη[3] τὸ πάθος[4] λέγει γὰρ ὁ προφήτης ἐπὶ τὸν Ἰσραήλ· Οὐαὶ τῇ ψυχῇ αὐτῶν, ὅτι βεβούλευνται[5] βουλὴν[6] πονηρὰν καθ' ἑαυτῶν, εἰπόντες· Δήσωμεν τὸν δίκαιον, ὅτι δύσχρηστος[7] ἡμῖν ἐστίν. **8** τί λέγει ὁ ἄλλος προφήτης Μωϋσῆς αὐτοῖς; Ἰδοὺ τάδε[8] λέγει Κύριος ὁ Θεός· Εἰσέλθατε εἰς τὴν γῆν τὴν ἀγαθήν, ἣν ὤμοσεν[9] Κύριος τῷ Ἀβραὰμ καὶ Ἰσαὰκ[10] καὶ Ἰακώβ,[11] καὶ κατακληρονομήσατε[12] αὐτήν, γῆν ῥέουσαν[13] γάλα[14] καὶ μέλι.[15] **9** τί δὲ λέγει ἡ γνῶσις,[16] μάθετε·[17] Ἐλπίσατε ἐπὶ τὸν ἐν σαρκὶ μέλλοντα φανεροῦσθαι ὑμῖν Ἰησοῦν. ἄνθρωπος γὰρ γῆ ἐστιν πάσχουσα· ἀπὸ προσώπου γὰρ τῆς γῆς ἡ πλάσις[18] τοῦ Ἀδάμ[19] ἐγένετο. **10** τί οὖν λέγει· Εἰς τὴν γῆν τὴν ἀγαθήν, γῆν ῥέουσαν[20] γάλα[21] καὶ μέλι·[22] εὐλογητὸς[23] ὁ Κύριος ἡμῶν, ἀδελφοί, ὁ σοφίαν καὶ νοῦν[24] θέμενος ἐν ἡμῖν τῶν κρυφίων[25] αὐτοῦ. λέγει γὰρ ὁ προφήτης παραβολὴν Κυρίου· τίς νοήσει,[26] εἰ μὴ σοφὸς[27] καὶ ἐπιστήμων[28]

---

[1] ἱματισμός, οῦ, ὁ, clothing, apparel
[2] κλῆρος, ου, ὁ, lot, portion
[3] προφανερόω aor pass ind 3s, reveal beforehand
[4] πάθος, ους, τό, suffering
[5] βουλεύω perf mid/pass ind 3p, deliberate, decide
[6] βουλή, ῆς, ἡ, resolution, decision
[7] δύσχρηστος, ον, inconvenient, annoying
[8] ὅδε, ἥδε, τόδε, this, such and such
[9] ὀμνύω aor act ind 3s, swear, take an oath
[10] Ἰσαάκ, ὁ, Isaac
[11] Ἰακώβ, ὁ, Jacob
[12] κατακληρονομέω aor act impv 2p, take possession of, occupy
[13] ῥέω pres act ptcp f.s.acc., flow, (over)flow with
[14] γάλα, γάλακτος, τό, milk
[15] μέλι, ιτος, τό, honey
[16] γνῶσις, εως, ἡ, knowledge
[17] μανθάνω aor act impv 2p, learn
[18] πλάσις, εως, ἡ, formation, molding, creation
[19] Ἀδάμ, ὁ, Adam
[20] ῥέω pres act ptcp f.s.acc., flow, (over)flow with
[21] γάλα, γάλακτος, τό, milk
[22] μέλι, ιτος, τό, honey
[23] εὐλογητός, ή, όν, blessed, praised
[24] νοῦς, νοός, νοΐ, νοῦν, ὁ, understanding, mind
[25] κρύφιος, ια, ιον, hidden, secret
[26] νοέω fut act ind 3s, consider, take note of
[27] σοφός, ή, όν, wise, clever
[28] ἐπιστήμων, ον, expert, learned, understanding

καὶ ἀγαπῶν τὸν Κύριον αὐτοῦ; **11** ἐπεὶ[1] οὖν ἀνακαινίσας[2] ἡμᾶς ἐν τῇ ἀφέσει[3] τῶν ἁμαρτιῶν, ἐποίησεν ἡμᾶς ἄλλον τύπον,[4] ὡς παιδίων ἔχειν τὴν ψυχήν, ὡς ἂν δὴ[5] ἀναπλάσσοντος[6] αὐτοῦ ἡμᾶς. **12** λέγει γὰρ ἡ γραφὴ περὶ ἡμῶν, ὡς λέγει τῷ υἱῷ· Ποιήσωμεν κατ' εἰκόνα[7] καὶ καθ' ὁμοίωσιν[8] ἡμῶν τὸν ἄνθρωπον, καὶ ἀρχέτωσαν τῶν θηρίων τῆς γῆς καὶ τῶν πετεινῶν[9] τοῦ οὐρανοῦ καὶ τῶν ἰχθύων[10] τῆς θαλάσσης. καὶ εἶπεν Κύριος, ἰδὼν τὸ καλὸν πλάσμα[11] ἡμῶν· Αὐξάνεσθε[12] καὶ πληθύνεσθε[13] καὶ πληρώσατε τὴν γῆν. ταῦτα πρὸς τὸν υἱόν. **13** πάλιν σοι ἐπιδείξω[14] πῶς πρὸς ἡμᾶς λέγει Κύριος. δευτέραν πλάσιν[15] ἐπ' ἐσχάτων ἐποίησεν. λέγει δὲ Κύριος· Ἰδοὺ ποιῶ τὰ ἔσχατα ὡς τὰ πρῶτα. εἰς τοῦτο οὖν ἐκήρυξεν ὁ προφήτης· Εἰσέλθατε εἰς γῆν ῥέουσαν[16] γάλα[17] καὶ μέλι,[18] καὶ κατακυριεύσατε[19] αὐτῆς. **14** ἴδε[20] οὖν ἡμεῖς ἀναπεπλάσμεθα,[21] καθὼς πάλιν ἐν ἑτέρῳ προφήτῃ λέγει· Ἰδού, λέγει Κύριος, ἐξελῶ[22] τούτων, τουτέστιν[23] ὧν προέβλεπεν[24] τὸ

---

[1] ἐπεί, conj, because, since, for
[2] ἀνακαινίζω, aor act ptcp m.s.nom., renew, restore
[3] ἄφεσις, έσεως, ἡ, pardon, cancellation
[4] τύπος, ου, ὁ, type
[5] δή, indeed, then, therefore
[6] ἀναπλάσσω pres act ptcp m.s.gen., form, remold
[7] εἰκών, όνος, ἡ, form, appearance
[8] ὁμοίωσις, εως, ἡ, likeness, resemblance
[9] πετεινόν, οῦ, τό, bird
[10] ἰχθύς, ύος, ὁ, fish
[11] πλάσμα, ατος, τό, image, figure
[12] αὐξάνω/αὔξω pres mid/pass impv 2p, grow, increase
[13] πληθύνω pres mid/pass impv 2p, multiply, increase
[14] ἐπιδείκνυμι fut act ind 1s, demonstrate, show
[15] πλάσις, εως, ἡ, formation, molding, creation
[16] ῥέω pres act ptcp f.s.acc., (over)flow with
[17] γάλα, γάλακτος, τό, milk
[18] μέλι, ιτος, τό, honey
[19] κατακυριεύω aor act impv 2p, be master, rule
[20] εἶδον aor act impv 2s, behold, look, see, take notice
[21] ἀναπλάσσω perf mid/pass ind 1p, form, remold
[22] ἐξαιρέω fut act ind 1s, take out, tear out
[23] τουτέστιν pres act ind 3s, that is to say
[24] προβλέπω imp act ind 3s, foresee, provide

πνεῦμα Κυρίου, τὰς λιθίνας[1] καρδίας, καὶ ἐμβαλῶ[2] σαρκίνας,[3] ὅτι αὐτὸς ἐν σαρκὶ ἔμελλεν φανεροῦσθαι καὶ ἐν ἡμῖν κατοικεῖν. **15** ναὸς γὰρ ἅγιος, ἀδελφοί μου, τῷ Κυρίῳ τὸ κατοικητήριον[4] ἡμῶν τῆς καρδίας. **16** λέγει γὰρ Κύριος πάλιν· Καὶ ἐν τίνι ὀφθήσομαι τῷ Κυρίῳ τῷ Θεῷ μου καὶ δοξασθήσομαι; Ἐξομολογήσομαί[5] σοι ἐν ἐκκλησίᾳ ἀδελφῶν μου, καὶ ψαλῶ[6] σοι ἀναμέσον[7] ἐκκλησίας ἁγίων. οὐκοῦν[8] ἡμεῖς ἐσμέν οὓς εἰσήγαγεν[9] εἰς τὴν γῆν τὴν ἀγαθήν. **17** τί οὖν τὸ γάλα[10] καὶ τὸ μέλι;[11] ὅτι πρῶτον τὸ παιδίον μέλιτι,[12] εἶτα[13] γάλακτι[14] ζωοποιεῖται.[15] οὕτως οὖν καὶ ἡμεῖς τῇ πίστει τῆς ἐπαγγελίας καὶ τῷ λόγῳ ζωοποιούμενοι[16] ζήσομεν κατακυριεύοντες[17] τῆς γῆς. **18** προειρήκαμεν[18] δὲ ἐπάνω·[19] Καὶ αὐξανέσθωσαν[20] καὶ πληθυνέσθωσαν[21] καὶ ἀρχέτωσαν τῶν ἰχθύων.[22] τίς οὖν ὁ δυνάμενος νῦν ἄρχειν θηρίων ἢ ἰχθύων[23] ἢ πετεινῶν[24] τοῦ οὐρανοῦ; αἰσθάνεσθαι[25] γὰρ ὀφείλομεν ὅτι τὸ ἄρχειν ἐξουσίας

---

[1] λίθινος, ίνη, ον, (made of) stone
[2] ἐμβάλλω fut act ind 1s, throw
[3] σάρκινος, η, ον, fleshly
[4] κατοικητήριον, ου, τό, dwelling-place
[5] ἐξομολογέω fut mid ind 1s, confess, praise
[6] ψάλλω fut act ind 1s, sing, sing praise
[7] ἀναμέσον, prep, among, in the midst of
[8] οὐκοῦν, conj, therefore, so, accordingly
[9] εἰσάγω aor act ind 3s, bring in, lead in
[10] γάλα, γάλακτος, τό, milk
[11] μέλι, ιτος, τό, honey
[12] μέλι, ιτος, τό, honey
[13] εἶτα, adv, furthermore, then, next
[14] γάλα, γάλακτος, τό, milk
[15] ζωοποιέω pres mid/pass ind 3s, make alive, sustain life
[16] ζωοποιέω pres mid/pass ptcp m.p.nom., make alive, sustain life
[17] κατακυριεύω pres act ptcp m.p.nom., be master, rule
[18] προλέγω perf act ind 1p, tell beforehand
[19] ἐπάνω, adv, above, over
[20] αὐξάνω/αὔξω pres mid/pass impv 3p, grow, increase
[21] πληθύνω pres mid/pass impv 3p, multiply, increase
[22] ἰχθύς, ύος, ὁ, fish
[23] ἰχθύς, ύος, ὁ, fish
[24] πετεινόν, οῦ, τό, bird
[25] αἰσθάνομαι pres mid/pass inf, understand

ἐστίν, ἵνα τις ἐπιτάξας[1] κυριεύσῃ.[2] **19** εἰ οὖν οὐ γίνεται τοῦτο νῦν, ἄρα ἡμῖν εἴρηκεν πότε·[3] ὅταν καὶ αὐτοὶ τελειωθῶμεν[4] κληρονόμοι[5] τῆς διαθήκης Κυρίου γενέσθαι.

7:1 Οὐκοῦν[6] νοεῖτε,[7] τέκνα εὐφροσύνης,[8] ὅτι πάντα ὁ καλὸς Κύριος προεφανέρωσεν[9] ἡμῖν, ἵνα γνῶμεν ᾧ κατὰ πάντα εὐχαριστοῦντες ὀφείλομεν αἰνεῖν.[10] **2** εἰ οὖν ὁ υἱὸς τοῦ Θεοῦ, ὢν Κύριος καὶ μέλλων κρίνειν ζῶντας καὶ νεκρούς, ἔπαθεν ἵνα ἡ πληγὴ[11] αὐτοῦ ζωοποιήσῃ[12] ἡμᾶς, πιστεύσωμεν ὅτι ὁ υἱὸς τοῦ Θεοῦ οὐκ ἠδύνατο παθεῖν εἰ μὴ δι' ἡμᾶς.

7:3 Ἀλλὰ καὶ σταυρωθεὶς ἐποτίζετο[13] ὄξει[14] καὶ χολῇ.[15] ἀκούσατε πῶς περὶ τούτου πεφανέρωκαν οἱ ἱερεῖς τοῦ ναοῦ· γεγραμμένης ἐντολῆς, Ὃς ἂν μὴ νηστεύσῃ[16] τὴν νηστείαν,[17] θανάτῳ ἐξολεθρευθήσεται,[18] ἐνετείλατο[19] Κύριος ἐπεὶ[20] καὶ αὐτὸς ὑπὲρ τῶν ἡμετέρων[21] ἁμαρτιῶν ἔμελλεν τὸ σκεῦος[22] τοῦ πνεύματος προσφέρειν θυσίαν,[23] ἵνα καὶ ὁ τύπος[24] ὁ γενόμενος

---

[1] ἐπιτάσσω aor act ptcp m.s.nom., order, command
[2] κυριεύω aor act sub 3s, rule
[3] πότε, when
[4] τελειόω aor pass sub 1p, make perfect
[5] κληρονόμος, ου, ὁ, heir, beneficiary
[6] οὐκοῦν, conj, therefore, so, accordingly
[7] νοέω pres act impv 2p, consider, take note of
[8] εὐφροσύνη, ης, ἡ, joy
[9] προφανερόω aor act ind 3s, reveal beforehand
[10] αἰνέω pres act inf, praise
[11] πληγή, ῆς, ἡ, wound, bruise
[12] ζωοποιέω aor act sub 3s, make alive, sustain life
[13] ποτίζω imp mid/pass ind 3s, give to drink, drink
[14] ὄξος, ους, τό, sour wine, wine vinegar
[15] χολή, ῆς, ἡ, bitter, gall
[16] νηστεύω aor act sub 3s, fast
[17] νηστεία, ας, ἡ, going hungry, fast
[18] ἐξολεθρεύω fut pass ind 3s, utterly destroy, root out
[19] ἐντέλλω aor mid ind 3s, command
[20] ἐπεί, conj, because, since, for
[21] ἡμέτερος, α, ον, our
[22] σκεῦος, ους, τό, instrument, vessel
[23] θυσία, ας, ἡ, offering, sacrifice
[24] τύπος, ου, ὁ, type

ἐπὶ Ἰσαὰκ[1] τοῦ προσενεχθέντος ἐπὶ τὸ θυσιαστήριον[2] τελεσθῇ.[3] **4** τί οὖν λέγει ἐν τῷ προφήτῃ; Καὶ φαγέτωσαν ἐκ τοῦ τράγου[4] τοῦ προσφερομένου τῇ νηστείᾳ[5] ὑπὲρ πασῶν τῶν ἁμαρτιῶν. προσέχετε[6] ἀκριβῶς.[7] Καὶ φαγέτωσαν οἱ ἱερεῖς μόνοι πάντες τὸ ἔντερον[8] ἄπλυτον[9] μετὰ ὄξους.[10] **5** πρὸς τί; ἐπειδὴ[11] ἐμέ, ὑπὲρ ἁμαρτιῶν μέλλοντα τοῦ λαοῦ μου τοῦ καινοῦ προσφέρειν τὴν σάρκα μου, μέλλετε ποτίζειν[12] χολὴν[13] μετὰ ὄξους,[14] φάγετε ὑμεῖς μόνοι, τοῦ λαοῦ νηστεύοντος[15] καὶ κοπτομένου[16] ἐπὶ σάκκου[17] καὶ σποδοῦ·[18] ἵνα δείξῃ ὅτι δεῖ αὐτὸν παθεῖν ὑπ' αὐτῶν. **6** ἃ ἐνετείλατο[19] προσέχετε.[20] Λάβετε δύο τράγους[21] καλοὺς καὶ ὁμοίους καὶ προσενέγκατε, καὶ λαβέτω ὁ ἱερεὺς τὸν ἕνα εἰς ὁλοκαύτωμα[22] ὑπὲρ ἁμαρτιῶν. **7** τὸν δὲ ἕνα τί ποιήσωσιν; Ἐπικατάρατος,[23] φησίν, ὁ εἷς. προσέχετε[24] πῶς ὁ τύπος[25] τοῦ Ἰησοῦ φανεροῦται. **8** Καὶ ἐμπτύσατε[26] πάντες καὶ

---

[1] Ἰσαάκ, ὁ, Isaac
[2] θυσιαστήριον, ου, τό, altar
[3] τελέω aor pass sub 3s, fulfill
[4] τράγος, ου, ὁ, male goat
[5] νηστεία, ας, ἡ, going hungry, fast
[6] προσέχω pres act impv 2p, care for
[7] ἀκριβῶς, adv, accurately, carefully, well
[8] ἔντερον, ου, τό, entrails
[9] ἄπλυτος, ον, unwashed
[10] ὄξος, ους, τό, sour wine, wine vinegar
[11] ἐπειδή, conj, because
[12] ποτίζω pres act inf, give to drink, drink
[13] χολή, ῆς, ἡ, bitter, gall
[14] ὄξος, ους, τό, sour wine, wine vinegar
[15] νηστεύω pres act ptcp m.s.gen., fast
[16] κόπτω pres mid/pass ptcp m.s.gen., mourn
[17] σάκκος, ου, ὁ, sack, sackcloth
[18] σποδός, οῦ, ἡ, ashes
[19] ἐντέλλω aor mid ind 3s, command
[20] προσέχω pres act impv 2p, care for
[21] τράγος, ου, ὁ, male goat
[22] ὁλοκαύτωμα, ατος, τό, whole burnt offering
[23] ἐπικατάρατος, ον, cursed
[24] προσέχω pres act impv 2p, care for
[25] τύπος, ου, ὁ, type
[26] ἐμπτύω aor act impv 2p, spit on, spit at

κατακεντήσατε[1] καὶ περίθετε[2] τὸ ἔριον[3] τὸ κόκκινον[4] περὶ τὴν κεφαλὴν αὐτοῦ, καὶ οὕτως εἰς ἔρημον βληθήτω. καὶ ὅταν γένηται οὕτως, ἄγει ὁ βαστάζων[5] τὸν τράγον[6] εἰς τὴν ἔρημον, καὶ ἀφαιρεῖ[7] τὸ ἔριον[8] καὶ ἐπιτίθησιν αὐτὸ ἐπὶ φρύγανον[9] τὸ λεγόμενον ῥαχή,[10] οὗ καὶ τοὺς βλαστοὺς[11] εἰώθαμεν[12] τρώγειν[13] ἐν τῇ χώρᾳ[14] εὑρίσκοντες· οὕτω μόνης τῆς ῥαχῆς[15] οἱ καρποὶ γλυκεῖς[16] εἰσίν. **9** τί οὖν τοῦτό ἐστιν; προσέχετε.[17] Τὸν μὲν ἕνα ἐπὶ τὸ θυσιαστήριον,[18] τὸν δὲ ἕνα ἐπικατάρατον,[19] καὶ ὅτι τὸν ἐπικατάρατον[20] ἐστεφανωμένον.[21] ἐπειδὴ[22] ὄψονται αὐτὸν τότε τῇ ἡμέρᾳ τὸν ποδήρη[23] ἔχοντα τὸν κόκκινον[24] περὶ τὴν σάρκα καὶ ἐροῦσιν· Οὐχ οὗτός ἐστιν ὅν ποτε[25] ἡμεῖς ἐσταυρώσαμεν καὶ ἐξουθενήσαμεν[26] ἐμπτύσαντες.[27] ἀληθῶς[28] οὗτος ἦν ὁ τότε λέγων ἑαυτὸν υἱὸν τοῦ Θεοῦ εἶναι. **10** πῶς γὰρ ὅμοιος ἐκείνῳ; εἰς τοῦτο ὁμοίους τοὺς τράγους,[29] καλούς, ἴσους,[30] ἵνα ὅταν ἴδωσιν αὐτὸν

---

[1] κατακεντέω aor act impv 2p, pierce, stab
[2] περιτίθημι aor act impv 2p, put on, place around
[3] ἔριον, ου, τό, wool
[4] κόκκινος, η, ον, scarlet, red
[5] βαστάζω pres act ptcp m.s.nom., carry, bear
[6] τράγος, ου, ὁ, male goat
[7] ἀφαιρέω pres act ind 3s, take away, remove
[8] ἔριον, ου, τό, wool
[9] φρύγανον, ου, τό, bush, shrub
[10] ῥαχή, ἡ, blackberry
[11] βλαστός, οῦ, ὁ, bud, sprout
[12] εἴωθα perf act ind 1p, be accustomed
[13] τρώγω pres act inf, eat
[14] χώρα, ας, ἡ, country, field
[15] ῥαχή, ἡ, blackberry
[16] γλυκύς, εῖα, ύ, sweet
[17] προσέχω pres act impv 2p, care for
[18] θυσιαστήριον, ου, τό, altar
[19] ἐπικατάρατος, ον, cursed
[20] ἐπικατάρατος, ον, cursed
[21] στεφανόω perf mid/pass ptcp m.s.acc., crown
[22] ἐπειδή, conj, because
[23] ποδήρης, ες, reaching to the feet
[24] κόκκινος, η, ον, scarlet, red
[25] ποτέ, conj, once
[26] ἐξουθενέω/ἐξουθενόω aor act ind 1p, treat with contempt
[27] ἐμπτύω aor act ptcp m.p.nom., spit on, spit at
[28] ἀληθῶς, adv, truly
[29] τράγος, ου, ὁ, male goat
[30] ἴσος, η, ον, equal

τότε ἐρχόμενον, ἐκπλαγῶσιν[1] ἐπὶ τῇ ὁμοιότητι[2] τοῦ τράγου.[3] οὐκοῦν[4] ἴδε[5] τὸν τύπον[6] τοῦ μέλλοντος πάσχειν Ἰησοῦ. **11** Τί δέ ὅτι τὸ ἔριον[7] εἰς μέσον τῶν ἀκανθῶν[8] τιθέασιν; τύπος[9] ἐστὶν τοῦ Ἰησοῦ τῇ ἐκκλησίᾳ θέμενος, ὅτι ὃς ἐὰν θέλῃ τὸ ἔριον[10] ἆραι τὸ κόκκινον,[11] δεῖ αὐτὸν πολλὰ παθεῖν διὰ τὸ εἶναι φοβερὰν[12] τὴν ἄκανθαν,[13] καὶ θλιβέντα[14] κυριεῦσαι[15] αὐτοῦ. Οὕτω, φησίν, οἱ θέλοντές με ἰδεῖν καὶ ἅψασθαί μου τῆς βασιλείας ὀφείλουσιν θλιβέντες[16] καὶ παθόντες λαβεῖν με.

8:1 Τίνα δὲ δοκεῖτε τύπον[17] εἶναι, ὅτι ἐντέταλται[18] τῷ Ἰσραὴλ προσφέρειν δάμαλιν[19] τοὺς ἄνδρας ἐν οἷς εἰσιν ἁμαρτίαι τέλειαι,[20] καὶ σφάξαντας[21] κατακαίειν,[22] καὶ αἴρειν τότε τὰ παιδία σποδὸν[23] καὶ βάλλειν εἰς ἄγγη,[24] καὶ περιτιθέναι[25] τὸ ἔριον[26] τὸ κόκκινον[27] ἐπὶ ξύλον[28] ἴδε[29] πάλιν ὁ τύπος[30] ὁ τοῦ

---

[1] ἐκπλήσσω aor pass sub 3p, amaze, astound
[2] ὁμοιότης, ητος, ἡ, likeness, similarity, agreement
[3] τράγος, ου, ὁ, male goat
[4] οὐκοῦν, conj, therefore, so, accordingly
[5] ἴδε, see, pay attention to
[6] τύπος, ου, ὁ, type
[7] ἔριον, ου, τό, wool
[8] ἄκανθα, ης, ἡ, thorn-plant
[9] τύπος, ου, ὁ, type
[10] ἔριον, ου, τό, wool
[11] κόκκινος, η, ον, scarlet, red
[12] φοβερός, ά, όν, causing fear, fearful, terrible
[13] ἄκανθα, ης, ἡ, thorn-plant
[14] θλίβω aor pass ptcp m.s.acc., oppress, afflict
[15] κυριεύω aor act inf, rule
[16] θλίβω aor pass ptcp m.p.nom., oppress, afflict
[17] τύπος, ου, ὁ, type
[18] ἐντέλλω perf mid/pass ind 3s, command
[19] δάμαλις, εως, ἡ, heifer, young cow
[20] τέλειος, α, ον, perfect, mature
[21] σφάζω aor act ptcp m.p.acc., slaughter
[22] κατακαίω pres act inf, burn down, burn up, consume
[23] σποδός, οῦ, ἡ, ashes
[24] ἄγγος, ους, τό, vessel, container
[25] περιτίθημι pres act inf, put on, place around
[26] ἔριον, ου, τό, wool
[27] κόκκινος, η, ον, scarlet, red
[28] ξύλον, ου, τό, wood
[29] εἶδον aor act impv 2s, behold, look, see, pay attention to
[30] τύπος, ου, ὁ, type

σταυροῦ¹ καὶ τὸ ἔριον² τὸ κόκκινον³ καὶ τὸ ὕσσωπον,⁴ καὶ οὕτως ῥαντίζειν⁵ τὰ παιδία καθ' ἕνα τὸν λαόν, ἵνα ἁγνίζωνται⁶ ἀπὸ τῶν ἁμαρτιῶν; **2** νοεῖτε⁷ πῶς ἐν ἁπλότητι⁸ λέγεται ὑμῖν· ὁ μόσχος⁹ ὁ Ἰησοῦς ἐστίν, οἱ προσφέροντες ἄνδρες ἁμαρτωλοὶ οἱ προσενέγκαντες αὐτὸν ἐπὶ τὴν σφαγήν.¹⁰ εἶτα¹¹ οὐκέτι ἄνδρες, οὐκέτι ἁμαρτωλῶν ἡ δόξα. **3** Οἱ ῥαντίζοντες¹² παῖδες¹³ οἱ εὐαγγελισάμενοι ἡμῖν τὴν ἄφεσιν¹⁴ τῶν ἁμαρτιῶν καὶ τὸν ἁγνισμὸν¹⁵ τῆς καρδίας, οἷς ἔδωκεν τοῦ εὐαγγελίου τὴν ἐξουσίαν, οὖσιν δεκαδύο¹⁶ εἰς μαρτύριον¹⁷ τῶν φυλῶν ὅτι δεκαδύο¹⁸ φυλαὶ τοῦ Ἰσραήλ, εἰς τὸ κηρύσσειν. **4** διατί¹⁹ δὲ τρεῖς παῖδες²⁰ οἱ ῥαντίζοντες;²¹ εἰς μαρτύριον²² Ἀβραάμ, Ἰσαάκ,²³ Ἰακώβ,²⁴ ὅτι οὗτοι μεγάλοι τῷ Θεῷ. **5** Ὅτι δὲ τὸ ἔριον²⁵ ἐπὶ τὸ ξύλον·²⁶ ὅτι ἡ βασιλεία Ἰησοῦ ἐπὶ ξύλου,²⁷ καὶ ὅτι οἱ ἐλπίζοντες ἐπ' αὐτὸν ζήσονται εἰς τὸν αἰῶνα. **6** Διατί²⁸ δὲ ἅμα²⁹ τὸ ἔριον³⁰ καὶ τὸ ὕσσωπον;³¹ ὅτι ἐν τῇ βασιλείᾳ αὐτοῦ ἡμέραι

---

[1] σταυρός, οῦ, ὁ, cross
[2] ἔριον, ου, τό, wool
[3] κόκκινος, η, ον, scarlet, red
[4] ὕσσωπος, ου, ἡ, hyssop
[5] ῥαντίζω pres act inf, sprinkle
[6] ἁγνίζω pres mid/pass sub 3p, purify, dedicate oneself
[7] νοέω pres act impv 2p, consider, take note of
[8] ἁπλότης, ητος, ἡ, simplicity, sincerity
[9] μόσχος, ου, ὁ, calf, young bull
[10] σφαγή, ῆς, ἡ, slaughter
[11] εἶτα, adv, furthermore, then, next
[12] ῥαντίζω pres act ptcp m.p.nom., sprinkle
[13] παῖς, παιδός, ὁ, ἡ, child
[14] ἄφεσις, έσεως, ἡ, pardon, cancellation
[15] ἁγνισμός, οῦ, ὁ, purification
[16] δεκαδύο, twelve
[17] μαρτύριον, ου, τό, testimony, proof
[18] δεκαδύο, twelve
[19] διατί, why?
[20] παῖς, παιδός, ὁ, ἡ, child
[21] ῥαντίζω pres act ptcp m.p.nom., sprinkle
[22] μαρτύριον, ου, τό, testimony, proof
[23] Ἰσαάκ, ὁ, Isaac
[24] Ἰακώβ, ὁ, Jacob
[25] ἔριον, ου, τό, wool
[26] ξύλον, ου, τό, wood
[27] ξύλον, ου, τό, wood
[28] διατί, why?
[29] ἅμα, adv, at the same time, together
[30] ἔριον, ου, τό, wool
[31] ὕσσωπος, ου, ἡ, hyssop

ἔσονται πονηραὶ καὶ ῥυπαραί,[1] ἐν αἷς ἡμεῖς σωθησόμεθα, ὅτι καὶ ὁ ἀλγῶν[2] σάρκα διὰ τοῦ ῥύπου[3] τοῦ ὑσσώπου[4] ἰᾶται.[5] **7** καὶ διὰ τοῦτο οὕτως γενόμενα ἡμῖν μέν ἐστιν φανερά,[6] ἐκείνοις δὲ σκοτεινά,[7] ὅτι οὐκ ἤκουσαν φωνῆς Κυρίου.

9:1 Λέγει γὰρ πάλιν περὶ τῶν ὠτίων,[8] πῶς περιέτεμεν[9] ἡμῶν τὴν καρδίαν. λέγει Κύριος ἐν τῷ προφήτῃ· Εἰς ἀκοὴν[10] ὠτίου[11] ὑπήκουσάν[12] μου. καὶ πάλιν λέγει· Ἀκοῇ[13] ἀκούσονται οἱ πόρρωθεν,[14] ἃ ἐποίησα γνώσονται· καί· Περιτμήθητε,[15] λέγει Κύριος, τὰς καρδίας ὑμῶν. **2** καὶ πάλιν λέγει· Ἄκουε, Ἰσραήλ, ὅτι τάδε[16] λέγει Κύριος ὁ Θεός σου. καὶ πάλιν τὸ πνεῦμα Κυρίου προφητεύει.[17] Τίς ἐστιν ὁ θέλων ζῆσαι εἰς τὸν αἰῶνα; ἀκοῇ[18] ἀκουσάτω τῆς φωνῆς τοῦ παιδός[19] μου. **3** καὶ πάλιν λέγει· Ἄκουε οὐρανέ, καὶ ἐνωτίζου[20] γῆ, ὅτι Κύριος ἐλάλησεν ταῦτα εἰς μαρτύριον.[21] καὶ πάλιν λέγει· Ἀκούσατε λόγον Κυρίου, ἄρχοντες τοῦ λαοῦ τούτου. καὶ πάλιν λέγει· Ἀκούσατε, τέκνα, φωνῆς βοῶντος[22] ἐν τῇ ἐρήμῳ. **4** οὐκοῦν[23] περιέτεμεν[24] ἡμῶν τὰς

---

[1] ῥυπαρός, ά, όν, filthy, unclean
[2] ἀλγέω pres act ptcp m.s.nom., feel pain
[3] ῥύπος, ου, ὁ, uncleanness
[4] ὕσσωπος, ου, ἡ, hyssop
[5] ἰάομαι pres mid/pass ind 3s, heal, cure
[6] φανερός, ά, όν, visible, clear, known
[7] σκοτεινός, ή, όν, dark
[8] ὠτίον, ου, τό, ear
[9] περιτέμνω aor act ind 3s, circumcize
[10] ἀκοή, ῆς, ἡ, hearing, listening
[11] ὠτίον, ου, τό, ear
[12] ὑπακούω aor act ind 3p, obey, follow
[13] ἀκοή, ῆς, ἡ, hearing, listening
[14] πόρρωθεν, adv, from a distance
[15] περιτέμνω aor pass impv 2p, circumcize
[16] ὅδε, ἥδε, τόδε, this
[17] προφητεύω pres act ind 3s, prophesy
[18] ἀκοή, ῆς, ἡ, hearing, listening
[19] παῖς, παιδός, ὁ, ἡ, child
[20] ἐνωτίζομαι pres mid/pass impv 2s, give ear, pay attention to
[21] μαρτύριον, ου, τό, testimony, proof
[22] βοάω pres act ptcp m.s.gen., call, shout, cry out
[23] οὐκοῦν, conj, therefore, so, accordingly
[24] περιτέμνω aor act ind 3s, circumcize

ἀκοάς,[1] ἵνα ἀκούσαντες λόγον πιστεύσωμεν ἡμεῖς. Ἀλλὰ καὶ ἡ περιτομὴ ἐφ᾽ ᾗ πεποίθασιν κατήργηται,[2] περιτομὴν γὰρ εἴρηκεν οὐ σαρκὸς γενηθῆναι. ἀλλὰ παρέβησαν,[3] ὅτι ἄγγελος πονηρὸς ἐσόφιζεν[4] αὐτούς. 5 λέγει πρὸς αὐτούς· Τάδε[5] λέγει Κύριος ὁ Θεὸς ὑμῶν ὧδε εὑρίσκω ἐντολήν· Μὴ σπείρετε ἐπ᾽ ἀκάνθαις,[6] περιτμήθητε[7] τῷ Κυρίῳ ὑμῶν. καὶ τί λέγει; Περιτμήθητε[8] τὴν σκληροκαρδίαν[9] ὑμῶν, καὶ τὸν τράχηλον[10] ὑμῶν οὐ σκληρυνεῖτε.[11] λάβε πάλιν· Ἰδού, λέγει Κύριος, πάντα τὰ ἔθνη ἀπερίτμητα[12] ἀκροβυστίαν,[13] ὁ δὲ λαὸς οὗτος ἀπερίτμητος[14] καρδίας.

9:6 Ἀλλ᾽ ἐρεῖς· Καὶ μὴν[15] περιτέτμηται[16] ὁ λαὸς εἰς σφραγῖδα.[17] ἀλλὰ καὶ πᾶς Σύρος[18] καὶ Ἄραψ[19] καὶ πάντες οἱ ἱερεῖς τῶν εἰδώλων.[20] ἆρα οὖν κἀκεῖνοι ἐκ τῆς διαθήκης αὐτῶν εἰσίν; ἀλλὰ καὶ οἱ Αἰγύπτιοι[21] ἐν περιτομῇ εἰσιν. 7 Μάθετε[22] οὖν, τέκνα ἀγάπης, περὶ πάντων πλουσίως,[23] ὅτι Ἀβραάμ, πρῶτος περιτομὴν δούς, ἐν πνεύματι προβλέψας[24] εἰς τὸν Ἰησοῦν

---

[1] ἀκοή, ῆς, ἡ, ears, hearing, listening
[2] καταργέω perf mid/pass ind 3s, abolish, invalidate
[3] παραβαίνω aor act ind 3p, transgress, break
[4] σοφίζω imp act ind 3s, make wise, teach
[5] ὅδε, ἥδε, τόδε, this
[6] ἄκανθα, ης, ἡ, thorn-plant
[7] περιτέμνω aor pass impv 2p, circumcize
[8] περιτέμνω aor pass impv 2p, circumcize
[9] σκληροκαρδία, ας, ἡ, hardness of heart, coldness
[10] τράχηλος, ου, ὁ, neck, throat
[11] σκληρύνω fut act ind 2p, harden
[12] ἀπερίτμητος, ον, uncircumcized, obdurate
[13] ἀκροβυστία, ας, ἡ, uncircumcision
[14] ἀπερίτμητος, ον, uncircumcized, obdurate
[15] μήν, indeed, yet
[16] περιτέμνω perf mid/pass ind 3s, circumcize
[17] σφραγίς, ῖδος, ἡ, seal, attestation
[18] Σύρος, ου, ὁ, Syrian
[19] Ἄραψ, βος, ὁ, Arab
[20] εἴδωλον, ου, τό, idol
[21] Αἰγύπτιος, ία, ιον, Egyptian
[22] μανθάνω aor act impv 2p, learn
[23] πλουσίως, adv, richly, abundantly
[24] προβλέπω aor act ptcp m.s.nom., foresee, provide

περιέτεμεν,[1] λαβὼν τριῶν γραμμάτων[2] δόγματα.[3] **8** λέγει γάρ· Καὶ περιέτεμεν[4] Ἀβραὰμ ἐκ τοῦ οἴκου αὐτοῦ ἄνδρας δεκαοκτὼ[5] καὶ τριακοσίους.[6] τίς οὖν ἡ δοθεῖσα αὐτῷ γνῶσις;[7] μάθετε[8] ὅτι τοὺς δεκαοκτὼ[9] πρώτους, καὶ διάστημα[10] ποιήσας λέγει τριακοσίους.[11] τὸ δεκαοκτώ,[12] Ι[13] δέκα,[14] Η[15] ὀκτώ·[16] ἔχεις Ἰησοῦν. ὅτι δὲ ὁ σταυρὸς[17] ἐν τῷ Τ[18] ἤμελλεν ἔχειν τὴν χάριν, λέγει καὶ τριακοσίους.[19] δηλοῖ[20] οὖν τὸν μὲν Ἰησοῦν ἐν τοῖς δυσὶ γράμμασιν,[21] καὶ ἐν τῷ ἑνὶ τὸν σταυρόν.[22] **9** οἶδεν ὁ τὴν ἔμφυτον[23] δωρεὰν[24] τῆς διαθήκης αὐτοῦ θέμενος ἐν ἡμῖν. οὐδεὶς γνησιώτερον[25] ἔμαθεν[26] ἀπ' ἐμοῦ λόγον, ἀλλὰ οἶδα ὅτι ἄξιοί ἐστε ὑμεῖς.

10:1 Ὅτι δὲ Μωϋσῆς εἶπεν· Οὐ φάγεσθε χοῖρον[27] οὔτε ἀετὸν[28] οὔτε ὀξύπτερον[29] οὔτε κόρακα,[30] οὔτε πάντα ἰχθὺν[31] ὃς οὐκ ἔχει λεπίδα[32] ἐν ἑαυτῷ, τρία ἔλαβεν ἐν τῇ συνέσει[33] δόγματα.[34] **2**

---

[1] περιτέμνω aor act ind 3s, circumcize
[2] γράμμα, ατος, τό, letter
[3] δόγμα, ατος, τό, ordinance, command
[4] περιτέμνω aor act ind 3s, circumcize
[5] δεκαοκτώ, eighteen
[6] τριακόσιοι, αι, α, three hundred
[7] γνῶσις, εως, ἡ, knowledge
[8] μανθάνω aor act impv 2p, learn
[9] δεκαοκτώ, eighteen
[10] διάστημα, ατος, τό, interval
[11] τριακόσιοι, αι, α, three hundred
[12] δεκαοκτώ, eighteen
[13] ι΄, ten
[14] δέκα, ten
[15] η΄, eight
[16] ὀκτώ, eight
[17] σταυρός, οῦ, ὁ, cross
[18] τ΄, three hundred
[19] τριακόσιοι, αι, α, three hundred
[20] δηλόω pres act ind 3s, explain, clarify
[21] γράμμα, ατος, τό, letter
[22] σταυρός, οῦ, ὁ, cross
[23] ἔμφυτος, ον, implanted
[24] δωρεάν, adv, as a gift, without payment, gratis
[25] γνήσιος, α, ον, legitimate, true, genuine, comp
[26] μανθάνω aor act ind 3s, learn
[27] χοῖρος, ου, ὁ, swine
[28] ἀετός, οῦ, ὁ, eagle
[29] ὀξύπτερος, ον, hawk
[30] κόραξ, ακος, ὁ, crow, raven
[31] ἰχθύς, ύος, ὁ, fish
[32] λεπίς, ίδος, ἡ, scales, scale
[33] σύνεσις, εως, ἡ, intelligence, insight
[34] δόγμα, ατος, τό, ordinance, command

ΒΑΡΝΑΒΑΣ

πέρας[1] γέ[2] τοι[3] λέγει αὐτοῖς ἐν τῷ Δευτερονομίῳ.[4] Καὶ διαθήσομαι[5] πρὸς τὸν λαὸν τοῦτον τὰ δικαιώματά[6] μου. ἄρα οὖν οὐκ ἔστιν ἐντολὴ Θεοῦ τὸ μὴ τρώγειν,[7] Μωϋσῆς δὲ ἐν πνεύματι ἐλάλησεν. **3** τὸ οὖν χοιρίον[8] πρὸς τοῦτο εἶπεν· οὐ κολληθήσῃ,[9] φησίν, ἀνθρώποις τοιούτοις, οἵτινές εἰσιν ὅμοιοι χοίρων·[10] τουτέστιν[11] ὅταν σπαταλῶσιν,[12] ἐπιλανθάνονται[13] τοῦ Κυρίου, ὅταν δὲ ὑστεροῦνται,[14] ἐπιγινώσκουσιν τὸν Κύριον, ὡς καὶ ὁ χοῖρος[15] ὅταν τρώγει[16] τὸν Κύριον οὐκ οἶδεν, ὅταν δὲ πεινᾷ[17] κραυγάζει,[18] καὶ λαβὼν πάλιν σιωπᾷ.[19] **4** Οὔτε φάγῃ τὸν ἀετὸν[20] οὐδὲ τὸν ὀξύπτερον[21] οὐδὲ τὸν ἰκτῖνα[22] οὐδὲ τὸν κόρακα·[23] οὐ μή, φησίν, κολληθήσῃ[24] οὐδὲ ὁμοιωθήσῃ[25] ἀνθρώποις τοιούτοις, οἵτινες οὐκ οἴδασιν διὰ κόπου[26] καὶ ἱδρῶτος[27] ἑαυτοῖς πορίζειν[28]

---

[1] πέρας, adv, finally, in conclusion
[2] γέ, conj, at least, even, indeed
[3] τοί, surely
[4] Δευτερονόμιον, ου, τό, Deuteronomy
[5] διατίθημι fut mid ind 1s, decree, ordain
[6] δικαίωμα, ατος, τό, regulation, righteous deed
[7] τρώγω pres act inf, eat
[8] χοιρίον, ου, τό, swine
[9] κολλάω fut pass ind 2s, cling to, attach to
[10] χοῖρος, ου, ὁ, swine
[11] τουτέστιν pres act ind 3s, that is to say
[12] σπαταλάω pres act sub 3p, live luxuriously
[13] ἐπιλανθάνομαι pres mid/pass ind 3p, forget
[14] ὑστερέω pres mid/pass ind 3p, lack, be lacking
[15] χοῖρος, ου, ὁ, swine
[16] τρώγω pres act ind 3s, eat
[17] πεινάω pres act sub 3s, hunger, be hungry
[18] κραυγάζω pres act ind 3s, cry (out)
[19] σιωπάω pres act sub 3s, stop speaking, become quiet
[20] ἀετός, οῦ, ὁ, eagle
[21] ὀξύπτερος, ον, hawk
[22] ἰκτῖνος, ου, ὁ, hawk, kite
[23] κόραξ, ακος, ὁ, crow, raven
[24] κολλάω fut pass ind 2s, cling to, attach to
[25] ὁμοιόω fut pass sub 2s, make like, compare
[26] κόπος, ου, ὁ, labor, work, toil
[27] ἱδρώς, ῶτος, ὁ, sweat, perspiration
[28] πορίζω pres act inf, procure, provide

τὴν τροφήν,¹ ἀλλὰ ἁρπάζουσιν² τὰ ἀλλότρια³ ἐν ἀνομίᾳ⁴ αὐτῶν καὶ ἐπιτηροῦσιν,⁵ ἐν ἀκεραιοσύνῃ⁶ περιπατοῦντες, καὶ περιβλέπονται⁷ τίνα ἐκδύσωσιν⁸ διὰ τὴν πλεονεξίαν,⁹ ὡς καὶ τὰ ὄρνεα¹⁰ ταῦτα μόνα ἑαυτοῖς οὐ πορίζει¹¹ τὴν τροφήν,¹² ἀλλὰ ἀργὰ¹³ καθήμενα ἐκζητεῖ¹⁴ πῶς ἀλλοτρίας¹⁵ σάρκας φάγῃ, ὄντα λοιμὰ¹⁶ τῇ πονηρίᾳ¹⁷ αὐτῶν. **5** Καὶ οὐ φάγῃ, φησίν, σμύραιναν¹⁸ οὐδὲ πώλυπα¹⁹ οὐδὲ σηπίαν.²⁰ οὐ μή, φησίν, ὁμοιωθήσῃ²¹ ἀνθρώποις τοιούτοις, οἵτινες εἰς τέλος εἰσὶν ἀσεβεῖς²² καὶ κεκριμένοι ἤδη τῷ θανάτῳ, ὡς καὶ ταῦτα τὰ ἰχθύδια²³ μόνα ἐπικατάρατα²⁴ ἐν τῷ βυθῷ²⁵ νήχεται,²⁶ μὴ κολυμβῶντα²⁷ ὡς τὰ λοιπά, ἀλλὰ ἐν τῇ γῇ κάτω²⁸ τοῦ βυθοῦ²⁹ κατοικεῖ. **6** Ἀλλὰ καὶ τὸν δασύποδα³⁰ οὐ μὴ φάγῃ. πρὸς τί; οὐ μὴ γένῃ, φησίν, παιδοφθόρος³¹ οὐδὲ ὁμοιωθήσῃ³² τοῖς τοιούτοις, ὅτι ὁ λαγωὸς³³

---

[1] τροφή, ῆς, ἡ, food, nourishment
[2] ἁρπάζω pres act ind 3p, steal, carry off, drag away
[3] ἀλλότριος, ία, ον, not one's own, strange
[4] ἀνομία, ας, ἡ, lawlessness
[5] ἐπιτηρέω pres act ind 3p, watch carefully, lie in wait
[6] ἀκεραιοσύνη, ης, ἡ, purity
[7] περιβλέπω pres mid/pass ind 3p, look for, hunt
[8] ἐκδύω aor pass sub 3p, plunder
[9] πλεονεξία, ας, ἡ, greediness, insatiableness
[10] ὄρνεον, ου, τό, bird
[11] πορίζω pres act ind 3s, procure, provide
[12] τροφή, ῆς, ἡ, food, nourishment
[13] ἀργός, ή, όν, idle, lazy
[14] ἐκζητέω pres act ind 3s, seek out, search for
[15] ἀλλότριος, ία, ον, not one's own, strange
[16] λοιμός, ή, όν, pestilential, diseased
[17] πονηρία, ας, ἡ, wickedness, baseness
[18] σμύραινα, ης, ἡ, sea eel
[19] πῶλυψ, πος, ὁ, octopus
[20] σηπία, ας, ἡ, cuttle-fish, sepia
[21] ὁμοιόω fut pass sub 2s, make like, compare
[22] ἀσεβής, ές, irreverent, impious, ungodly
[23] ἰχθύδιον, ου, τό, little fish
[24] ἐπικατάρατος, ον, cursed
[25] βυθός, οῦ, ὁ, sea, deep water
[26] νήχω pres mid/pass ind 3s, swim
[27] κολυμβάω pres act ptcp n.p.acc., swimming back and forth
[28] κάτω, adv, below
[29] βυθός, οῦ, ὁ, sea, deep water
[30] δασύπους, οδος, ὁ, hare
[31] παιδοφθόρος, ου, ὁ, pederast
[32] ὁμοιόω fut pass sub 2s, make like, compare
[33] λαγωός, οῦ, ὁ, hare

κατ' ἐνιαυτὸν¹ πλεονεκτεῖ² τὴν ἀφόδευσιν.³ ὅσα γὰρ ἔτη ζῇ, τοσαῦτας⁴ ἔχει τρύπας.⁵ **7** Ἀλλὰ οὐδὲ τὴν ὕαιναν⁶ φάγῃ· οὐ μή, φησίν, γένῃ μοιχὸς⁷ οὐδὲ φθορεὺς⁸ οὐδὲ ὁμοιωθήσῃ⁹ τοῖς τοιούτοις. πρὸς τί; ὅτι τὸ ζῷον¹⁰ τοῦτο παρ' ἐνιαυτὸν¹¹ ἀλλάσσει¹² τὴν φύσιν,¹³ καὶ ποτὲ¹⁴ μὲν ἄρρεν,¹⁵ ποτὲ¹⁶ δὲ θῆλυ¹⁷ γίνεται. **8** Ἀλλὰ καὶ τὴν γαλῆν¹⁸ ἐμίσησεν καλῶς. οὐ μή, φησίν, γενηθῇς τοιοῦτος, οἵους¹⁹ ἀκούομεν ἀνομίαν²⁰ ποιοῦντας ἐν τῷ στόματι δι' ἀκαθαρσίαν,²¹ οὐδὲ κολληθήσῃ²² ταῖς ἀκαθάρτοις ταῖς τὴν ἀνομίαν²³ ποιούσαις ἐν τῷ στόματι. τὸ γὰρ ζῷον²⁴ τοῦτο τῷ στόματι κύει.²⁵ **9** Περὶ μὲν τῶν βρωμάτων²⁶ λαβὼν Μωϋσῆς τρία δόγματα²⁷ οὕτως ἐν πνεύματι ἐλάλησεν, οἱ δὲ κατ' ἐπιθυμίαν τῆς σαρκὸς ὡς περὶ βρώσεως²⁸ προσεδέξαντο.²⁹ **10** Λαμβάνει δὲ τῶν αὐτῶν τριῶν δογμάτων³⁰ γνῶσιν³¹ Δαυείδ, καὶ λέγει·

---

¹ ἐνιαυτός, οῦ, ὁ, year
² πλεονεκτέω pres act ind 3s, increase the number of
³ ἀφόδευσις, εως, ἡ, anus of a hare
⁴ τοσοῦτος, αὔτη, οῦτον, so many, so great
⁵ τρύπη, ης, ἡ, hole, opening
⁶ ὕαινα, ης, ἡ, hyena
⁷ μοιχός, οῦ, ὁ, adulterer
⁸ φθορεύς, έως, ὁ, seducer
⁹ ὁμοιόω fut pass sub 2s, make like, compare
¹⁰ ζῷον, ου, τό, animal, living creature
¹¹ ἐνιαυτός, οῦ, ὁ, year
¹² ἀλλάσσω pres act ind 3s, change, exchange
¹³ φύσις, εως, ἡ, nature, natural disposition
¹⁴ ποτέ, conj, at some time or other (past)
¹⁵ ἄρσην, εν, ενος, male
¹⁶ ποτέ, conj, at some time or other (past)
¹⁷ θῆλυς, εια, υ, female
¹⁸ γάλα, γάλακτος, τό, milk
¹⁹ οἷος, α, ον, of what sort (such)
²⁰ ἀνομία, ας, ἡ, lawlessness
²¹ ἀκαθαρσία, ας, ἡ, refuse, immorality
²² κολλάω fut pass ind 2s, cling to, attach to
²³ ἀνομία, ας, ἡ, lawlessness
²⁴ ζῷον, ου, τό, animal, living creature
²⁵ κύω pres act ind 3s, conceive, become pregnant
²⁶ βρῶμα, ατος, τό, food
²⁷ δόγμα, ατος, τό, ordinance, command
²⁸ βρῶσις, εως, ἡ, eating, consuming
²⁹ προσδέχομαι aor mid ind 3p, welcome, receive
³⁰ δόγμα, ατος, τό, ordinance, command
³¹ γνῶσις, εως, ἡ, knowledge

Μακάριος ἀνήρ ὃς οὐκ ἐπορεύθη ἐν βουλῇ[1] ἀσεβῶν,[2] καθὼς καὶ οἱ ἰχθύες[3] πορεύονται ἐν σκότει εἰς τὰ βάθη,[4] καὶ ἐν ὁδῷ ἁμαρτωλῶν οὐκ ἔστη, καθὼς οἱ δοκοῦντες φοβεῖσθαι τὸν Κύριον ἁμαρτάνουσιν ὡς ὁ χοῖρος,[5] καὶ ἐπὶ καθέδραν[6] λοιμῶν[7] οὐκ ἐκάθισεν, καθὼς τὰ πετεινὰ[8] τὰ καθήμενα εἰς ἁρπαγήν.[9] ἔχετε τελείως[10] καὶ περὶ τῆς βρώσεως.[11] 11 Πάλιν λέγει Μωϋσῆς· Φάγεσθε πᾶν διχηλοῦν[12] καὶ μαρυκώμενον.[13] τί λέγει; ὅτι τὴν τροφὴν[14] λαμβάνων οἶδεν τὸν τρέφοντα[15] αὐτόν, καὶ ἐπ' αὐτῷ ἀναπαυόμενος[16] εὐφραίνεσθαι[17] δοκεῖ. καλῶς εἶπεν βλέπων τὴν ἐντολήν. τί οὖν λέγει; κολλᾶσθε[18] μετὰ τῶν φοβουμένων τὸν Κύριον, μετὰ τῶν μελετώντων[19] ὃ ἔλαβον διάσταλμα[20] ῥήματος ἐν τῇ καρδίᾳ, μετὰ τῶν λαλούντων τὰ δικαιώματα[21] Κυρίου καὶ τηρούντων, μετὰ τῶν εἰδότων ὅτι ἡ μελέτη[22] ἐστὶν ἔργον εὐφροσύνης[23] καὶ ἀναμαρυκωμένων[24] τὸν λόγον Κυρίου. τί δὲ τὸ διχηλοῦν;[25] ὅτι ὁ δίκαιος καὶ ἐν τούτῳ τῷ κόσμῳ περιπατεῖ καὶ τὸν ἅγιον αἰῶνα ἐκδέχεται.[26] βλέπετε πῶς

---

[1] βουλή, ῆς, ἡ, plan, purpose
[2] ἀσεβής, ές, irreverent, impious, ungodly
[3] ἰχθύς, ύος, ὁ, fish
[4] βάθος, ους, τό, depth
[5] χοῖρος, ου, ὁ, swine
[6] καθέδρα, ας, ἡ, chair, seat
[7] λοιμός, ή, όν, public menace, enemy
[8] πετεινόν, οῦ, τό, bird
[9] ἁρπαγή, ῆς, ἡ, robbery, plunder
[10] τελείως, adv, fully, perfectly, completely
[11] βρῶσις, εως, ἡ, eating, consuming
[12] διχηλέω pres act ptcp n.s.acc., have a divided hoof
[13] μαρυκάομαι pres act ptcp n.s.acc., ruminate, chew the cud
[14] τροφή, ῆς, ἡ, food, nourishment
[15] τρέφω pres act ptcp m.s.acc., feed, nourish, support
[16] ἀναπαύω pres mid/pass ptcp m.s.nom., rest
[17] εὐφραίνω pres mid/pass inf, be glad, rejoice
[18] κολλάω pres mid/pass impv 2p, cling to, attach to
[19] μελετάω pres act ptcp m.p.gen., cultivate, think upon
[20] διάσταλμα, ατος, τό, distinguishing
[21] δικαίωμα, ατος, τό, regulation, righteous deed
[22] μελέτη, ης, ἡ, meditation, study
[23] εὐφροσύνη, ης, ἡ, joy
[24] ἀναμαρυκάομαι pres mid/pass ptcp m.p.gen., ruminate
[25] διχηλέω pres act ptcp n.s.nom., have a divided hoof
[26] ἐκδέχομαι pres mid/pass ind 3s, expect, wait

ΒΑΡΝΑΒΑΣ

ἐνομοθέτησεν[1] Μωϋσῆς καλῶς. **12** ἀλλὰ πόθεν[2] ἐκείνοις ταῦτα νοῆσαι[3] ἢ συνιέναι;[4] ἡμεῖς δὲ δικαίως[5] νοήσαντες[6] τὰς ἐντολάς, λαλοῦμεν ὡς ἠθέλησεν ὁ Κύριος. διὰ τοῦτο περιέτεμεν[7] τὰς ἀκοὰς[8] ἡμῶν καὶ τὰς καρδίας, ἵνα συνιῶμεν[9] ταῦτα.

11:1 Ζητήσωμεν δὲ εἰ ἐμέλησεν[10] τῷ Κυρίῳ προφανερῶσαι[11] περὶ τοῦ ὕδατος καὶ περὶ τοῦ σταυροῦ.[12] περὶ μὲν τοῦ ὕδατος, γέγραπται ἐπὶ τὸν Ἰσραὴλ πῶς τὸ βάπτισμα[13] τὸ φέρον ἄφεσιν[14] ἁμαρτιῶν οὐ μὴ προσδέξονται,[15] ἀλλ' ἑαυτοῖς οἰκοδομήσουσιν. **2** λέγει γὰρ ὁ προφήτης· Ἔκστηθι[16] οὐρανέ, καὶ ἐπὶ τούτῳ πλεῖον φριξάτω[17] ἡ γῆ, ὅτι δύο καὶ πονηρὰ ἐποίησεν ὁ λαὸς οὗτος· ἐμὲ ἐγκατέλιπον,[18] πηγὴν[19] ζωῆς, καὶ ἑαυτοῖς ὤρυξαν[20] βόθρον[21] θανάτου. **3** Μὴ πέτρα[22] ἔρημός ἐστιν τὸ ὄρος τὸ ἅγιόν μου Σινᾶ;[23] ἔσεσθε γὰρ ὡς πετεινοῦ[24] νοσσοὶ[25] ἀνιπτάμενοι[26]

---

[1] νομοθετέω aor act ind 3s, legislate
[2] πόθεν, adv, from where
[3] νοέω aor act inf, consider, take note of
[4] συνίημι pres act inf, understand, comprehend
[5] δικαίως, adv, justly
[6] νοέω aor act ptcp m.p.nom., consider, take note of
[7] περιτέμνω aor act ind 3s, circumcize
[8] ἀκοή, ῆς, ἡ, ears, hearing, listening
[9] συνίημι pres act sub 1p, understand, comprehend
[10] μέλει aor act ind 3s, is a concern, is of interest to someone
[11] προφανερόω aor act inf, reveal beforehand
[12] σταυρός, οῦ, ὁ, cross
[13] βάπτισμα, ατος, τό, baptism
[14] ἄφεσις, έσεως, ἡ, pardon, cancellation
[15] προσδέχομαι fut mid ind 3p, welcome, receive
[16] ἐξίστημι aor act impv 2s, be amazed, be astonished
[17] φρίσσω aor act impv 3s, shudder
[18] ἐγκαταλείπω aor act ind 3p, forsake, abandon
[19] πηγή, ῆς, ἡ, spring, fountain
[20] ὀρύσσω aor act ind 3p, dig
[21] βόθρος, ου, ὁ, hole
[22] πέτρα, ας, ἡ, rock
[23] Σινᾶ, Sinai
[24] πετεινόν, οῦ, τό, bird
[25] νοσσός, οῦ, ὁ, the young of a bird
[26] ἀνίπταμαι pres mid/pass ptcp m.p.nom., fly up, flutter about

νοσσιᾶς[1] ἀφηρημένοι.[2] **4** καὶ πάλιν λέγει ὁ προφήτης· Ἐγὼ πορεύσομαι ἔμπροσθέν σου καὶ ὄρη ὁμαλιῶ[3] καὶ πύλας[4] χαλκᾶς[5] συντρίψω[6] καὶ μοχλοὺς[7] σιδηροῦς[8] συνκλάσω,[9] καὶ δώσω σοι θησαυροὺς[10] σκοτεινούς,[11] ἀποκρύφους,[12] ἀοράτους,[13] ἵνα γνῶσιν ὅτι ἐγὼ Κύριος ὁ Θεός. καὶ· Κατοικήσεις ἐν ὑψηλῷ[14] σπηλαίῳ[15] πέτρας[16] ἰσχυρᾶς.[17] **5** καὶ· Τὸ ὕδωρ αὐτοῦ πιστόν· βασιλέα μετὰ δόξης ὄψεσθε, καὶ ἡ ψυχὴ ὑμῶν μελετήσει[18] φόβον Κυρίου. **6** καὶ πάλιν ἐν ἄλλῳ προφήτῃ λέγει· Καὶ ἔσται ὁ ταῦτα ποιῶν ὡς τὸ ξύλον[19] τὸ πεφυτευμένον[20] παρὰ τὰς διεξόδους[21] τῶν ὑδάτων, ὃ τὸν καρπὸν αὐτοῦ δώσει ἐν καιρῷ αὐτοῦ, καὶ τὸ φύλλον[22] αὐτοῦ οὐκ ἀπορυήσεται,[23] καὶ πάντα ὅσα ἂν ποιῇ κατευοδωθήσεται.[24] **7** οὐχ οὕτως οἱ ἀσεβεῖς,[25] οὐχ οὕτως, ἀλλ' ἢ ὡς ὁ χνοῦς[26] ὃν ἐκρίπτει[27] ὁ ἄνεμος ἀπὸ προσώπου τῆς γῆς. διὰ τοῦτο οὐκ ἀναστήσονται οἱ ἀσεβεῖς[28] ἐν κρίσει, οὐδὲ ἁμαρτωλοὶ ἐν βουλῇ[29] δικαίων, ὅτι γινώσκει Κύριος ὁδὸν δικαίων, καὶ ὁδὸς

---

[1] νοσσιά, ᾶς, ἡ, nest
[2] ἀφαιρέω perf mid/pass ptcp m.p.nom, take away
[3] ὁμαλίζω fut act ind 1s, make level
[4] πύλη, ης, ἡ, gate, door
[5] χαλκοῦς, ῆ, οῦν, made of copper, brass, or bronze
[6] συντρίβω fut act ind 1s, shatter, smash, crush
[7] μοχλός, οῦ, ὁ, bar bolt
[8] σιδηροῦς, ᾶ, οῦν, made of iron
[9] συγκλάω fut act ind 1s, shatter
[10] θησαυρός, οῦ, ὁ, treasure
[11] σκοτεινός, ή, όν, dark
[12] ἀπόκρυφος, ον, hidden
[13] ἀόρατος, ον, unseen, invisible
[14] ὑψηλός, ή, όν, noble
[15] σπήλαιον, ου, τό, hideout
[16] πέτρα, ας, ἡ, rock
[17] ἰσχυρός, ά, όν, strong
[18] μελετάω fut act ind 3s, cultivate, think upon
[19] ξύλον, ου, τό, wood
[20] φυτεύω perf mid/pass ptcp n.s.nom., plant
[21] διέξοδος, ου, ἡ, outlet, way out of town
[22] φύλλον, ου, τό, leaf
[23] ἀπορρέω fut pass ind 3s, fall down
[24] κατευοδόω fut pass ind 3s, prosper
[25] ἀσεβής, ές, irreverent, impious, ungodly
[26] χνοῦς, χνοῦ, ὁ, dust, chaff
[27] ἐκρίπτω pres act ind 3s, drive away, blow away
[28] ἀσεβής, ές, irreverent, impious, ungodly
[29] βουλή, ῆς, ἡ, plan, purpose

ἀσεβῶν[1] ἀπολεῖται. **8** αἰσθάνεσθε[2] πῶς τὸ ὕδωρ καὶ τὸν σταυρὸν[3] ἐπὶ τὸ αὐτὸ ὥρισεν.[4] τοῦτο γὰρ λέγει· Μακάριοι οἱ ἐπὶ τὸν σταυρὸν[5] ἐλπίσαντες κατέβησαν εἰς τὸ ὕδωρ, ὅτι τὸν μὲν μισθὸν[6] λέγει ἐν καιρῷ αὐτοῦ· τότε, φησίν, ἀποδώσω. νῦν δὲ ὁ λέγει· Τὰ φύλλα[7] οὐκ ἀπορυήσεται.[8] τοῦτο λέγει ὅτι πᾶν ῥῆμα ὃ ἐὰν ἐξελεύσεται ἐξ ὑμῶν διὰ τοῦ στόματος ὑμῶν ἐν πίστει καὶ ἀγάπῃ ἔσται εἰς ἐπιστροφὴν[9] καὶ ἐλπίδα πολλοῖς. **9** καὶ πάλιν ἕτερος προφήτης λέγει· Καὶ ἦν ἡ γῆ τοῦ Ἰακὼβ[10] ἐπαινουμένη[11] παρὰ πᾶσαν τὴν γῆν. τοῦτο λέγει· τὸ σκεῦος[12] τοῦ πνεύματος αὐτοῦ δοξάζει. **10** εἶτα[13] τί λέγει; Καὶ ἦν ποταμὸς[14] ἕλκων[15] ἐκ δεξιῶν, καὶ ἀνέβαινεν ἐξ αὐτοῦ δένδρα[16] ὡραῖα·[17] καὶ ὃς ἂν φάγῃ ἐξ αὐτῶν ζήσεται εἰς τὸν αἰῶνα. **11** τοῦτο λέγει ὅτι ἡμεῖς μὲν καταβαίνομεν εἰς τὸ ὕδωρ γέμοντες[18] ἁμαρτιῶν καὶ ῥύπου,[19] καὶ ἀναβαίνομεν καρποφοροῦντες[20] ἐν τῇ καρδίᾳ, καὶ τὸν φόβον καὶ τὴν ἐλπίδα εἰς τὸν Ἰησοῦν ἐν τῷ πνεύματι ἔχοντες. Καὶ ὃς ἂν φάγῃ ἀπὸ τούτων ζήσεται εἰς τὸν αἰῶνα, τοῦτο λέγει· ὃς ἄν, φησίν, ἀκούσῃ τούτων λαλουμένων καὶ πιστεύσῃ ζήσεται εἰς τὸν αἰῶνα.

12:1 Ὁμοίως πάλιν περὶ τοῦ σταυροῦ[21] ὁρίζει[22] ἐν ἄλλῳ

---

[1] ἀσεβής, ές, irreverent, impious, ungodly
[2] αἰσθάνομαι pres mid/pass impv 2p, understand
[3] σταυρός, οῦ, ὁ, cross
[4] ὁρίζω aor act ind 3s, set limits to, define, explain
[5] σταυρός, οῦ, ὁ, cross
[6] μισθός, οῦ, ὁ, pay, wages
[7] φύλλον, ου, τό, foliage (pl.)
[8] ἀπορρέω fut pass ind 3s, fall down
[9] ἐπιστροφή, ῆς, ἡ, attention
[10] Ἰακώβ, ὁ, Jacob
[11] ἐπαινέω pres mid/pass ptcp f.s.nom., praise
[12] σκεῦος, ους, τό, vessel
[13] εἶτα, adv, then, next
[14] ποταμός, οῦ, ὁ, river, stream
[15] ἕλκω pres act ptcp m.s.nom., flow
[16] δένδρον, ου, τό, tree
[17] ὡραῖος, α, ον, beautiful, fair
[18] γέμω pres act ptcp m.p.nom., be full
[19] ῥύπος, ου, ὁ, uncleanness
[20] καρποφορέω pres act ptcp m.p.nom., bear fruit
[21] σταυρός, οῦ, ὁ, cross
[22] ὁρίζω pres act ind 3s, set limits to, define, explain

προφήτῃ λέγοντι· Καὶ πότε[1] ταῦτα συντελεσθήσεται;[2] λέγει Κύριος. Ὅταν ξύλον[3] κλιθῇ[4] καὶ ἀναστῇ, καὶ ὅταν ἐκ ξύλου[5] αἷμα στάξῃ.[6] ἔχεις πάλιν περὶ τοῦ σταυροῦ[7] καὶ τοῦ σταυροῦσθαι μέλλοντος. **2** λέγει δὲ πάλιν ἐν τῷ Μωϋσῇ, πολεμουμένου[8] τοῦ Ἰσραὴλ ὑπὸ τῶν ἀλλοφύλων,[9] καὶ ἵνα ὑπομνήσῃ[10] αὐτοὺς πολεμουμένους[11] ὅτι διὰ τὰς ἁμαρτίας αὐτῶν παρεδόθησαν εἰς θάνατον, λέγει εἰς τὴν καρδίαν Μωϋσέως τὸ πνεῦμα, ἵνα ποιήσῃ τύπον[12] σταυροῦ[13] καὶ τοῦ μέλλοντος πάσχειν, ὅτι ἐὰν μή, φησίν, ἐλπίσωσιν ἐπ' αὐτῷ, εἰς τὸν αἰῶνα πολεμηθήσονται.[14] τίθησιν οὖν Μωϋσῆς ἓν ἐφ' ἓν ὅπλον[15] ἐν μέσῳ τῆς πυγμῆς,[16] καὶ σταθεὶς ὑψηλότερος[17] πάντων ἐξέτεινεν[18] τὰς χεῖρας, καὶ οὕτως πάλιν ἐνίκα[19] ὁ Ἰσραήλ. εἶτα,[20] ὁπόταν[21] καθεῖλεν,[22] ἐθανατοῦντο.[23]

12:4 καὶ πάλιν ἐν ἑτέρῳ προφήτῃ λέγει· Ὅλην τὴν ἡμέραν ἐξεπέτασα[24] τὰς χεῖράς μου πρὸς λαὸν ἀπειθῆ[25] καὶ ἀντιλέγοντα[26] ὁδῷ δικαίᾳ μου. **5** Πάλιν Μωϋσῆς ποιεῖ τύπον[27]

---

[1] πότε, when
[2] συντελέω fut pass ind 3s, carry out, fulfill, accomplish
[3] ξύλον, ου, τό, wood
[4] κλίνω aor pass sub 3s, cause to lean
[5] ξύλον, ου, τό, wood
[6] στάζω aor act sub 3s, drip, trickle
[7] σταυρός, οῦ, ὁ, cross
[8] πολεμέω pres mid/pass ptcp m.s.gen., wage war
[9] ἀλλόφυλος, ον, alien, foreign
[10] ὑπομιμνήσκω aor act sub 3s, remind
[11] πολεμέω pres mid/pass ptcp m.p.acc., wage war
[12] τύπος, ου, ὁ, type
[13] σταυρός, οῦ, ὁ, cross
[14] πολεμέω fut pass ind 3p, wage war
[15] ὅπλον, ου, τό, weapon
[16] πυγμή, ῆς, ἡ, fist-fight
[17] ὑψηλός, ή, όν, noble, comp
[18] ἐκτείνω aor act ind 3s, stretch out
[19] νικάω imp act ind 3s, be victor, conquer
[20] εἶτα, adv, then, next
[21] ὁπόταν, conj, whenever
[22] καθαιρέω aor act ind 3s, take down, bring down, lower
[23] θανατόω imp mid/pass ind 3p, put to death
[24] ἐκπετάννυμι aor act ind 1s, spread out, hold out
[25] ἀπειθής, ές, disobedient
[26] ἀντιλέγω pres act ptcp m.s.acc., oppose, refuse
[27] τύπος, ου, ὁ, type

τοῦ Ἰησοῦ, ὅτι δεῖ αὐτὸν παθεῖν, καὶ αὐτὸς ζωοποιήσει[1] ὃν δόξουσιν ἀπολωλεκέναι ἐν σημείῳ, πίπτοντος τοῦ Ἰσραήλ. ἐποίησεν γὰρ Κύριος πάντα ὄφιν[2] δάκνειν[3] αὐτούς, καὶ ἀπέθνησκον ἐπειδὴ[4] ἡ παράβασις[5] διὰ τοῦ ὄφεως[6] ἐν Εὕᾳ[7] ἐγένετο, ἵνα ἐλέγξῃ[8] αὐτούς ὅτι διὰ τὴν παράβασιν[9] αὐτῶν εἰς θλῖψιν θανάτου παραδοθήσονται. **6** πέρας[10] γέ[11] τοι[12] αὐτὸς Μωϋσῆς ἐντειλάμενος·[13] Οὐκ ἔσται ὑμῖν οὔτε χωνευτὸν[14] οὔτε γλυπτὸν[15] εἰς Θεὸν ὑμῖν, αὐτὸς ποιεῖ, ἵνα τύπον[16] τοῦ Ἰησοῦ δείξῃ. ποιεῖ οὖν Μωϋσῆς χαλκοῦν[17] ὄφιν[18] καὶ τίθησιν ἐνδόξως,[19] καὶ κηρύγματι[20] καλεῖ τὸν λαόν. **7** ἐλθόντες οὖν ἐπὶ τὸ αὐτὸ ἐδέοντο[21] Μωϋσέως ἵνα περὶ αὐτῶν ἀνενέγκῃ[22] δέησιν[23] περὶ τῆς ἰάσεως[24] αὐτῶν. εἶπεν δὲ πρὸς αὐτοὺς Μωϋσῆς· Ὅταν, φησίν, δηχθῇ[25] τις ὑμῶν, ἐλθέτω ἐπὶ τὸν ὄφιν[26] τὸν ἐπὶ τοῦ ξύλου[27] ἐπικείμενον[28] καὶ ἐλπισάτω, πιστεύσας ὅτι αὐτὸς ὢν νεκρὸς δύναται ζωοποιῆσαι,[29] καὶ παραχρῆμα[30] σωθήσεται. καὶ οὕτως ἐποίουν. ἔχεις πάλιν καὶ ἐν τούτοις τὴν δόξαν τοῦ Ἰησοῦ,

---

[1] ζωοποιέω fut act ind 3s, make alive, sustain life
[2] ὄφις, εως, ὁ, snake, serpent
[3] δάκνω pres act inf, bite
[4] ἐπειδή, conj, because
[5] παράβασις, εως, ἡ, transgression
[6] ὄφις, εως, ὁ, snake, serpent
[7] Εὕα, ας, ἡ, Eve
[8] ἐλέγχω aor act sub 3s, convict, convince
[9] παράβασις, εως, ἡ, transgression
[10] πέρας, conj, finally, in conclusion
[11] γέ, conj, at least, even, indeed
[12] τοί, surely
[13] ἐντέλλω aor mid ptcp m.s.gen., command, order
[14] χωνευτός, ή, όν, cast, poured
[15] γλυπτός, ή, όν, carved
[16] τύπος, ου, ὁ, type
[17] χαλκοῦς, ῆ, οῦν, made of copper, brass, or bronze
[18] ὄφις, εως, ὁ, snake, serpent
[19] ἐνδόξως, adv, in splendor
[20] κήρυγμα, ατος, τό, proclamation
[21] δέομαι imp mid/pass ind 3p, ask, request
[22] ἀναφέρω aor act sub 3s, offer up
[23] δέησις, εως, ἡ, prayer
[24] ἴασις, εως, ἡ, healing, cure
[25] δάκνω aor pass sub 3s, bite
[26] ὄφις, εως, ὁ, snake, serpent
[27] ξύλον, ου, τό, wood
[28] ἐπίκειμαι pres mid/pass ptcp m.s.acc., lie upon
[29] ζωοποιέω aor act inf, make alive, sustain life
[30] παραχρῆμα, adv, at once, immediately

ὅτι ἐν αὐτῷ πάντα καὶ εἰς αὐτόν.

12:8 Τί λέγει πάλιν Μωϋσῆς Ἰησοῦ υἱῷ Ναυή,[1] ἐπιθεὶς αὐτῷ τοῦτο τὸ ὄνομα, ὄντι προφήτῃ, ἵνα μόνον ἀκούσῃ πᾶς ὁ λαός ὅτι ὁ πατὴρ πάντα φανεροῖ περὶ τοῦ υἱοῦ Ἰησοῦ; **9** λέγει οὖν Μωϋσῆς Ἰησοῦ υἱῷ Ναυή,[2] ἐπιθεὶς τοῦτο ὄνομα, ὁπότε[3] ἔπεμψεν αὐτὸν κατάσκοπον[4] τῆς γῆς· Λάβε βιβλίον εἰς τὰς χεῖράς σου καὶ γράψον ἃ λέγει Κύριος, ὅτι ἐκκόψει[5] ἐκ ῥιζῶν[6] τὸν οἶκον πάντα τοῦ Ἀμαλήκ[7] ὁ υἱὸς τοῦ Θεοῦ ἐπ' ἐσχάτων τῶν ἡμερῶν. **10** ἴδε[8] πάλιν Ἰησοῦς, οὐχὶ υἱὸς ἀνθρώπου ἀλλὰ υἱὸς τοῦ Θεοῦ, τύπῳ[9] δὲ ἐν σαρκὶ φανερωθείς. Ἐπεὶ[10] οὖν μέλλουσιν λέγειν ὅτι ὁ Χριστὸς υἱὸς Δαυείδ ἐστιν, αὐτὸς προφητεύει[11] Δαυείδ, φοβούμενος καὶ συνίων[12] τὴν πλάνην[13] τῶν ἁμαρτωλῶν· Εἶπεν Κύριος τῷ Κυρίῳ μου· Κάθου ἐκ δεξιῶν μου ἕως ἂν θῶ τοὺς ἐχθρούς σου ὑποπόδιον[14] τῶν ποδῶν σου. **11** καὶ πάλιν λέγει οὕτως Ἡσαΐας·[15] Εἶπεν Κύριος τῷ Χριστῷ μου Κυρίῳ, οὗ ἐκράτησα τῆς δεξιᾶς αὐτοῦ, ἐπακοῦσαι[16] ἔμπροσθεν αὐτοῦ ἔθνη, καὶ ἰσχὺν[17] βασιλέων διαρρήξω.[18] ἴδε[19] πῶς Δαυείδ λέγει αὐτὸν Κύριον, καὶ υἱὸν οὐ λέγει.

---

[1] Ναυή, ὁ, Nun
[2] Ναυή, ὁ, Nun
[3] ὁπότε, adv, when
[4] κατάσκοπος, ου, ὁ, spy
[5] ἐκκόπτω fut act ind 3s, exterminate
[6] ῥίζα, ης, ἡ, root
[7] Ἀμαλήκ, ὁ, Amalek
[8] εἶδον aor act impv 2s, behold, see, pay attention to
[9] τύπος, ου, ὁ, type
[10] ἐπεί, conj, because, since, for
[11] προφητεύω pres act ind 3s, prophesy
[12] συνίημι pres act ptcp m.s.nom., understand, comprehend
[13] πλάνη, ης, ἡ, error, delusion, deceit
[14] ὑποπόδιον, ου, τό, footstool
[15] Ἡσαΐας, ου, ὁ, Isaiah
[16] ἐπακούω aor act inf, head, obey
[17] ἰσχύς, ύος, ἡ, strength, power, might
[18] δια(ρ)ρήγνυμι/διαρήσσω fut act ind 1s, shatter, destroy
[19] ἴδε, see, pay attention to

13:1 Ἴδωμεν δέ εἰ οὗτος ὁ λαὸς κληρονομεῖ[1] ἢ ὁ πρῶτος, καὶ ἡ διαθήκη εἰς ἡμᾶς ἢ εἰς ἐκείνους. **2** ἀκούσατε οὖν περὶ τοῦ λαοῦ τί λέγει ἡ γραφή· Ἐδεῖτο[2] δὲ Ἰσαὰκ[3] περὶ Ῥεβέκκας[4] τῆς γυναικὸς αὐτοῦ, ὅτι στεῖρα[5] ἦν· καὶ συνέλαβεν.[6] εἶτα[7] ἐξῆλθεν Ῥεβέκκα[8] πυθέσθαι[9] παρὰ Κυρίου. καὶ εἶπεν Κύριος πρὸς αὐτήν· Δύο ἔθνη ἐν τῇ γαστρί[10] σου καὶ δύο λαοὶ ἐν τῇ κοιλίᾳ[11] σου, καὶ ὑπερέξει[12] λαὸς λαοῦ, καὶ ὁ μείζων δουλεύσει[13] τῷ ἐλάσσονι.[14] **3** αἰσθάνεσθαι[15] ὀφείλετε τίς ὁ Ἰσαὰκ[16] καὶ τίς ἡ Ῥεβέκκα,[17] καὶ ἐπὶ τίνων δέδειχεν ὅτι μείζων ὁ λαὸς οὗτος ἢ ἐκεῖνος. **4** Καὶ ἐν ἄλλῃ προφητείᾳ[18] λέγει φανερώτερον[19] ὁ Ἰακὼβ[20] πρὸς Ἰωσὴφ τὸν υἱὸν αὐτοῦ, λέγων· Ἰδού, οὐκ ἐστέρησέν[21] με Κύριος τοῦ προσώπου σου· προσάγαγέ[22] μοι τοὺς υἱούς σου, ἵνα εὐλογήσω αὐτούς. **5** καὶ προσήγαγεν[23] Ἐφραὶμ[24] καὶ Μανασσῆ,[25] τὸν Μανασσῆ[26] θέλων ἵνα εὐλογηθῇ, ὅτι πρεσβύτερος ἦν· ὁ γὰρ Ἰωσὴφ προσήγαγεν εἰς τὴν δεξιὰν χεῖρα

---

[1] κληρονομέω pres act ind 3s, inherit
[2] δέομαι imp mid/pass ind 3s, ask, request
[3] Ἰσαάκ, ὁ, Isaac
[4] Ῥεβέκκα, ας, ἡ, Rebecca
[5] στεῖρα, ας, ἡ, incapable of bearing children, barren, infertile
[6] συλλαμβάνω aor act ind 3s, conceive
[7] εἶτα, adv, then, next
[8] Ῥεβέκκα, ας, ἡ, Rebecca
[9] πυνθάνομαι aor mid inf, inquire, ask
[10] γαστήρ, τρός, ἡ, womb
[11] κοιλία, ας, ἡ, womb, uterus
[12] ὑπερέχω fut act ind 3s, have power over, be in authority (over), be highly placed
[13] δουλεύω fut act ind 3s, be a slave, be subjected
[14] ἐλάσσων, ἔλασσον, younger, comp of ἐλαχύς
[15] αἰσθάνομαι pres mid/pass inf, understand
[16] Ἰσαάκ, ὁ, Isaac
[17] Ῥεβέκκα, ας, ἡ, Rebecca
[18] προφητεία, ας, ἡ, prophecy
[19] φανερός, ά, όν, visible, clear, known, comp
[20] Ἰακώβ, ὁ, Jacob
[21] στερέω aor act ind 3s, deprive
[22] προσάγω aor act impv 2s, bring (forward)
[23] προσάγω aor act ind 3s, bring (forward)
[24] Ἐφραίμ, ὁ, Ephraim
[25] Μανασσῆς, ῆ, Manasseh
[26] Μανασσῆς, ῆ, Manasseh

τοῦ πατρὸς Ἰακώβ.¹ εἶδεν δὲ Ἰακὼβ² τύπον³ τῷ πνεύματι τοῦ λαοῦ τοῦ μεταξύ.⁴ καὶ τί λέγει; Καὶ ἐποίησεν Ἰακὼβ⁵ ἐναλλὰξ⁶ τὰς χεῖρας αὐτοῦ καὶ ἐπέθηκεν τὴν δεξιὰν ἐπὶ τὴν κεφαλὴν Ἐφραὶμ⁷ τοῦ δευτέρου καὶ νεωτέρου,⁸ καὶ εὐλόγησεν αὐτόν. καὶ εἶπεν Ἰωσὴφ πρὸς Ἰακώβ.⁹ Μετάθες¹⁰ σου τὴν δεξιὰν ἐπὶ τὴν κεφαλὴν Μανασσῇ,¹¹ ὅτι πρωτότοκός¹² μου υἱός ἐστιν. καὶ εἶπεν Ἰακὼβ¹³ πρὸς Ἰωσήφ· Οἶδα, τέκνον, οἶδα· ἀλλ' ὁ μείζων δουλεύσει¹⁴ τῷ ἐλάσσονι.¹⁵ καὶ οὗτος δὲ εὐλογηθήσεται. **6** Βλέπετε ἐπὶ τίνων τέθεικεν τὸν λαὸν τοῦτον εἶναι πρῶτον, καὶ τῆς διαθήκης κληρονόμον.¹⁶ **7** εἰ οὖν ἔτι καὶ διὰ τοῦ Ἀβραὰμ ἐμνήσθη,¹⁷ ἀπέχομεν¹⁸ τὸ τέλειον¹⁹ τῆς γνώσεως²⁰ ἡμῶν. τί οὖν λέγει τῷ Ἀβραάμ, ὅτε μόνος πιστεύσας ἐτέθη εἰς δικαιοσύνην; Ἰδοὺ τέθεικά σε, Ἀβραάμ, πατέρα ἐθνῶν τῶν πιστευόντων δι' ἀκροβυστίας²¹ τῷ Θεῷ.

14:1 Ναί. ἀλλὰ ἴδωμεν εἰ ἡ διαθήκη ἣν ὤμοσεν²² τοῖς πατράσιν δοῦναι τῷ λαῷ, εἰ δέδωκεν δέδωκεν· αὐτοὶ δὲ οὐκ ἐγένοντο ἄξιοι λαβεῖν διὰ τὰς ἁμαρτίας αὐτῶν. **2** λέγει γὰρ ὁ προφήτης· Καὶ ἦν Μωϋσῆς νηστεύων²³ ἐν ὄρει Σινᾶ,²⁴ τοῦ λαβεῖν τὴν δια-

---

¹ Ἰακώβ, ὁ, Jacob
² Ἰακώβ, ὁ, Jacob
³ τύπος, ου, ὁ, type
⁴ μεταξύ, adv, next
⁵ Ἰακώβ, ὁ, Jacob
⁶ ἐναλλάξ, adv, crosswise
⁷ Ἐφραίμ, ὁ, Ephraim
⁸ νέος, α, ον, young, comp
⁹ Ἰακώβ, ὁ, Jacob
¹⁰ μετατίθημι aor act impv 2s, transfer
¹¹ Μανασσῆς, ῆ, Manasseh
¹² πρωτότοκος, ον, firstborn
¹³ Ἰακώβ, ὁ, Jacob
¹⁴ δουλεύω fut act ind 3s, be a slave, be subjected
¹⁵ ἐλάσσων, ἔλασσον, comp of ἐλαχύς, younger
¹⁶ κληρονόμος, ου, ὁ, heir
¹⁷ μιμνήσκομαι aor pass ind 3s, make mention of someone
¹⁸ ἀπέχω pres act ind 1p, be paid in full, receive in full
¹⁹ τέλειος, α, ον, perfect, mature
²⁰ γνῶσις, εως, ἡ, knowledge
²¹ ἀκροβυστία, ας, ἡ, uncircumcision
²² ὀμνύω aor act ind 3s, swear, take an oath
²³ νηστεύω pres act ptcp m.s.nom., fast
²⁴ Σινᾶ, Sinai

θήκην Κυρίου πρὸς τὸν λαόν, ἡμέρας τεσσεράκοντα[1] καὶ νύκτας τεσσεράκοντα.[2] καὶ ἔλαβεν Μωϋσῆς παρὰ Κυρίου τὰς δύο πλάκας[3] τὰς γεγραμμένας τῷ δακτύλῳ[4] τῆς χειρὸς Κυρίου ἐν πνεύματι. καὶ λαβὼν Μωϋσῆς κατέφερεν[5] πρὸς τὸν λαὸν δοῦναι. 3 καὶ εἶπεν Κύριος πρὸς Μωϋσῆν· Μωϋσῆ Μωϋσῆ, κατάβηθι τὸ τάχος[6] ὅτι ὁ λαός σου, ὃν ἐξήγαγες[7] ἐκ γῆς Αἰγύπτου,[8] ἠνόμησεν.[9] καὶ συνῆκεν[10] Μωϋσῆς ὅτι ἐποίησαν ἑαυτοῖς πάλιν χωνεύματα,[11] καὶ ἔριψεν[12] ἐκ τῶν χειρῶν τὰς πλάκας,[13] καὶ συνετρίβησαν[14] αἱ πλάκες[15] τῆς διαθήκης Κυρίου. 4 Μωϋσῆς μὲν ἔλαβεν, αὐτοὶ δὲ οὐκ ἐγένοντο ἄξιοι. πῶς δὲ ἡμεῖς ἐλάβομεν; μάθετε.[16] Μωϋσῆς θεράπων[17] ὢν ἔλαβεν, αὐτὸς δὲ ὁ Κύριος ἡμῖν ἔδωκεν εἰς λαὸν κληρονομίας,[18] δι' ἡμᾶς ὑπομείνας.[19] 5 ἐφανερώθη δὲ ἵνα κἀκεῖνοι τελειωθῶσιν[20] τοῖς ἁμαρτήμασιν[21] καὶ ἡμεῖς διὰ τοῦ κληρονομοῦντος[22] διαθήκην Κυρίου Ἰησοῦ λάβωμεν, ὃς εἰς τοῦτο ἡτοιμάσθη, ἵνα αὐτὸς φανεὶς τὰς ἤδη δεδαπανημένας[23] ἡμῶν καρδίας τῷ θανάτῳ καὶ

---

[1] τεσσεράκοντα, forty
[2] τεσσεράκοντα, forty
[3] πλάξ, πλακός, ἡ, tablet
[4] δάκτυλος, ου, ὁ, finger
[5] καταφέρω imp act ind 3s, bring down
[6] τάχος, ους, τό, speed, haste, very quickly
[7] ἐξάγω aor act ind 2s, lead out, bring out
[8] Αἴγυπτος, ου, ἡ, Egypt
[9] ἀνομέω aor act ind 3s, be lawless, sin
[10] συνίημι aor act ind 3s, understand, comprehend
[11] χώνευμα, ατος, τό, cast image
[12] ῥίπτω, ῥιπτέω aor act ind 3s, throw
[13] πλάξ, πλακός, ἡ, tablet
[14] συντρίβω aor pass ind 3p, shatter, smash
[15] πλάξ, πλακός, ἡ, tablet
[16] μανθάνω aor act impv 2p, learn
[17] θεράπων, οντος, ὁ, attendant, aide, servant
[18] κληρονομία, ας, ἡ, inheritance, possession
[19] ὑπομένω aor act ptcp m.p.acc., endure
[20] τελειόω aor pass sub 3p, make perfect
[21] ἁμάρτημα, τος, τό, sin, transgression
[22] κληρονομέω pres act ptcp m.s.gen., inherit
[23] δαπανάω perf mid/pass ptcp f.p.acc., spend, spend freely

παραδεδομένας τῇ τῆς πλάνης¹ ἀνομίᾳ² λυτρωσάμενος³ ἐκ τοῦ σκότους, διάθηται⁴ ἐν ἡμῖν διαθήκην λόγῳ. **6** γέγραπται γὰρ πῶς αὐτῷ ὁ πατὴρ ἐντέλλεται,⁵ λυτρωσάμενον⁶ ἡμᾶς ἐκ τοῦ σκότους, ἑτοιμάσαι ἑαυτῷ λαὸν ἅγιον. **7** λέγει οὖν ὁ προφήτης· Ἐγὼ Κύριος ὁ Θεός σου ἐκάλεσά σε ἐν δικαιοσύνῃ, καὶ κρατήσω τῆς χειρός σου καὶ ἐνισχύσω⁷ σε, καὶ ἔδωκά σε εἰς διαθήκην γένους,⁸ εἰς φῶς ἐθνῶν, ἀνοῖξαι ὀφθαλμοὺς τυφλῶν, καὶ ἐξαγαγεῖν⁹ ἐκ δεσμῶν¹⁰ πεπεδημένους¹¹ καὶ ἐξ οἴκου φυλακῆς καθημένους ἐν σκότει. γινώσκομεν οὖν πόθεν¹² ἐλυτρώθημεν.¹³ **8** πάλιν ὁ προφήτης λέγει· Ἰδού, τέθεικά σε εἰς φῶς ἐθνῶν, τοῦ εἶναί σε εἰς σωτηρίαν ἕως ἐσχάτου τῆς γῆς· οὕτως λέγει Κύριος ὁ λυτρωσάμενός¹⁴ σε Θεός. **9** πάλιν ὁ προφήτης λέγει· Πνεῦμα Κυρίου ἐπ' ἐμέ, οὗ εἵνεκεν¹⁵ ἔχρισέν¹⁶ με εὐαγγελίσασθαι ταπεινοῖς¹⁷ χάριν, ἀπέσταλκέν με ἰάσασθαι¹⁸ τοὺς συντετριμμένους¹⁹ τὴν καρδίαν, κηρῦξαι αἰχμαλώτοις²⁰ ἄφεσιν²¹ καὶ τυφλοῖς ἀνάβλεψιν,²² καλέσαι ἐνιαυτὸν²³ Κυρίου

---

¹ πλάνη, ης, ἡ, error, delusion, deceit
² ἀνομία, ας, ἡ, lawlessness
³ λυτρόω aor mid ptcp m.s.nom., set free, rescue, redeem
⁴ διατίθημι aor mid sub 3s, decree, ordain
⁵ ἐντέλλω pres mid/pass ind 3s, command, order
⁶ λυτρόω aor mid ptcp m.s.acc., set free, rescue, redeem
⁷ ἐνισχύω fut act ind 1s, strengthen
⁸ γένος, ους, τό, class, kind
⁹ ἐξάγω aor act inf, free
¹⁰ δεσμός, οῦ, ὁ, bond
¹¹ πεδάω perf mid/pass ptcp m.p.acc., bind
¹² πόθεν, adv, from where
¹³ λυτρόω aor pass ind 1p, set free, rescue, redeem
¹⁴ λυτρόω aor mid ptcp m.s.nom., set free, rescue, redeem
¹⁵ εἵνεκα/εἵνεκα, prep, because of, on account of
¹⁶ χρίω aor act ind 3s, anoint
¹⁷ ταπεινός, ή, όν, lowly, humble
¹⁸ ἰάομαι aor mid inf, heal
¹⁹ συντρίβω perf mid/pass ptcp m.p.acc., shatter, smash
²⁰ αἰχμάλωτος, ώτου, ὁ, captive
²¹ ἄφεσις, έσεως, ἡ, pardon, cancellation
²² ἀνάβλεψις, εως, ἡ, recovery of sight
²³ ἐνιαυτός, οῦ, ὁ, year

δεκτὸν[1] καὶ ἡμέραν ἀνταποδόσεως,[2] παρακαλέσαι πάντας τοὺς πενθοῦντας.[3]

15:1 Ἔτι οὖν καὶ περὶ τοῦ σαββάτου γέγραπται ἐν τοῖς δέκα[4] λόγοις, ἐν οἷς ἐλάλησεν ἐν τῷ ὄρει Σινᾶ[5] πρὸς Μωϋσῆν κατὰ πρόσωπον· Καὶ ἁγιάσατε[6] τὸ σάββατον Κυρίου χερσὶν καθαραῖς[7] καὶ καρδίᾳ καθαρᾷ.[8] **2** καὶ ἐν ἑτέρῳ λέγει· Ἐὰν φυλάξωσιν οἱ υἱοί μου τὸ σάββατον, τότε ἐπιθήσω τὸ ἔλεός[9] μου ἐπ' αὐτούς. **3** τὸ σάββατον λέγει ἐν ἀρχῇ τῆς κτίσεως·[10] καὶ ἐποίησεν ὁ Θεὸς ἐν ἓξ[11] ἡμέραις τὰ ἔργα τῶν χειρῶν αὐτοῦ, καὶ συνετέλεσεν[12] ἐν τῇ ἡμέρᾳ τῇ ἑβδόμῃ[13] καὶ κατέπαυσεν[14] ἐν αὐτῇ, καὶ ἡγίασεν[15] αὐτήν. **4** προσέχετε,[16] τέκνα, τί λέγει τό· Συνετέλεσεν[17] ἐν ἓξ[18] ἡμέραις. τοῦτο λέγει· ὅτι ἐν ἑξακισχιλίοις[19] ἔτεσιν συντελέσει[20] Κύριος τὰ σύμπαντα,[21] ἡ γὰρ ἡμέρα παρ' αὐτῷ σημαίνει[22] χίλια[23] ἔτη. αὐτὸς δέ μοι μαρτυρεῖ λέγων· Ἰδοὺ ἡμέρα Κυρίου ἔσται ὡς χίλια[24] ἔτη. οὐκοῦν,[25] τέκνα, ἐν ἓξ[26] ἡμέραις, ἐν τοῖς ἑξακισχιλίοις[27] ἔτεσιν,

---

[1] δεκτός, ή, όν, favorable
[2] ἀνταπόδοσις, εως, ἡ, repaying, reward
[3] πενθέω pres act ptcp m.p.acc., grieve, mourn
[4] δέκα, ten
[5] Σινᾶ, Sinai
[6] ἁγιάζω aor act impv 2p, reverence
[7] καθαρός, ά, όν, pure, clean
[8] καθαρός, ά, όν, pure, clean
[9] ἔλεος, ους, τό, mercy, compassion
[10] κτίσις, εως, ἡ, that which is created
[11] ἕξ, six
[12] συντελέω aor act ind 3s, bring to an end, complete
[13] ἕβδομος, η, ον, seventh
[14] καταπαύω aor act ind 3s, rest
[15] ἁγιάζω aor act ind 3s, reverence
[16] προσέχω pres act impv 2p, care for
[17] συντελέω aor act ind 3s, bring to an end, complete
[18] ἕξ, six
[19] ἑξακισχίλιοι, αι, α, six thousand
[20] συντελέω fut act ind 3s, bring to an end, complete
[21] σύμπας, ασα, αν, all (together), whole
[22] σημαίνω pres act ind 3s, mean, signify
[23] χίλιοι, αι, α, one thousand
[24] χίλιοι, αι, α, one thousand
[25] οὐκοῦν, conj, therefore, so, accordingly
[26] ἕξ, six
[27] ἑξακισχίλιοι, αι, α, six thousand

συντελεσθήσεται¹ τὰ σύμπαντα.² **5** καὶ κατέπαυσεν³ τῇ ἡμέρᾳ τῇ ἑβδόμῃ.⁴ τοῦτο λέγει· ὅταν ἐλθὼν ὁ υἱὸς αὐτοῦ καταργήσει⁵ τὸν καιρὸν τοῦ ἀνόμου⁶ καὶ κρινεῖ τοὺς ἀσεβεῖς⁷ καὶ ἀλλάξει⁸ τὸν ἥλιον καὶ τὴν σελήνην⁹ καὶ τοὺς ἀστέρας,¹⁰ τότε καλῶς καταπαύσεται¹¹ ἐν τῇ ἡμέρᾳ τῇ ἑβδόμῃ.¹² **6** πέρας¹³ γέ¹⁴ τοι¹⁵ λέγει· Ἁγιάσεις¹⁶ αὐτὴν χερσὶν καθαραῖς¹⁷ καὶ καρδίᾳ καθαρᾷ.¹⁸ εἰ οὖν ἦν ὁ Θεὸς ἡμέραν ἡγίασεν,¹⁹ νῦν τις δύναται ἁγιάσαι²⁰ καθαρὸς²¹ ὢν τῇ καρδίᾳ, ἐν πᾶσιν πεπλανήμεθα. **7** εἰ δὲ οὔ, ἄρα τότε καλῶς καταπαυόμενοι²² ἁγιάσομεν²³ αὐτὴν ὅτε δυνησόμεθα αὐτοὶ δικαιωθέντες καὶ ἀπολαβόντες²⁴ τὴν ἐπαγγελίαν, μηκέτι²⁵ οὔσης τῆς ἀνομίας,²⁶ καινῶν δὲ γεγονότων πάντων ὑπὸ Κυρίου, τότε δυνησόμεθα αὐτὴν ἁγιάσαι,²⁷ αὐτοὶ ἁγιασθέντες²⁸ πρῶτον. **8** πέρας²⁹ γέ³⁰ τοι³¹ λέγει αὐτοῖς· Τὰς νεομηνίας³² ὑμῶν καὶ τὰ σάββατα οὐκ ἀνέχομαι.³³ ὁρᾶτε πῶς λέγει· Οὐ τὰ νῦν σάββατα ἐμοὶ δεκτά,³⁴ ἀλλὰ ὃ πεποίηκα· ἐν ᾧ

---

¹ συντελέω fut pass ind 3s, bring to an end, complete
² σύμπας, ασα, αν, all (together), whole
³ καταπαύω aor act ind 3s, rest
⁴ ἕβδομος, η, ον, seventh
⁵ καταργέω fut act ind 3s, abolish, wipe out
⁶ ἄνομος, ον, lawless
⁷ ἀσεβής, ές, irreverent, impious, ungodly
⁸ ἀλλάσσω fut act ind 3s, change
⁹ σελήνη, ης, ἡ, moon
¹⁰ ἀστήρ, έρος, ὁ, star
¹¹ καταπαύω fut mid ind 3s, rest
¹² ἕβδομος, η, ον, seventh
¹³ πέρας, adv, finally, in conclusion
¹⁴ γέ, conj, at least, even, indeed
¹⁵ τοί, surely
¹⁶ ἁγιάζω fut act ind 2s, reverence
¹⁷ καθαρός, ά, όν, pure, clean
¹⁸ καθαρός, ά, όν, pure, clean
¹⁹ ἁγιάζω aor act ind 3s, reverence
²⁰ ἁγιάζω aor act inf, reverence
²¹ καθαρός, ά, όν, pure, clean
²² καταπαύω pres mid/pass ptcp m.p.nom., rest
²³ ἁγιάζω fut act ind 1p, reverence
²⁴ ἀπολαμβάνω aor act ptcp m.p.nom., receive
²⁵ μηκέτι, adv, no longer
²⁶ ἀνομία, ας, ἡ, lawlessness
²⁷ ἁγιάζω aor act inf, reverence
²⁸ ἁγιάζω aor pass ptcp m.p.nom., reverence
²⁹ πέρας, adv, finally, in conclusion
³⁰ γέ, conj, at least, even, indeed
³¹ τοί, surely
³² νεομηνία, ας, ἡ, new moon
³³ ἀνέχω pres mid/pass ind 1s, endure, bear with
³⁴ δεκτός, ή, όν, favorable

καταπαύσας[1] τὰ πάντα ἀρχὴν ἡμέρας ὀγδόης[2] ποιήσω, ὅ ἐστιν ἄλλου κόσμου ἀρχήν. **9** διὸ καὶ ἄγομεν τὴν ἡμέραν τὴν ὀγδόην[3] εἰς εὐφροσύνην,[4] ἐν ᾗ καὶ ὁ Ἰησοῦς ἀνέστη ἐκ νεκρῶν καὶ φανερωθεὶς ἀνέβη εἰς οὐρανούς.

16:1 Ἔτι δὲ καὶ περὶ τοῦ ναοῦ ἐρῶ ὑμῖν, πῶς πλανώμενοι οἱ ταλαίπωροι[5] εἰς τὴν οἰκοδομὴν[6] ἤλπισαν, καὶ οὐκ ἐπὶ τὸν Θεὸν αὐτῶν τὸν ποιήσαντα αὐτούς, ὡς ὄντα οἶκον Θεοῦ. **2** σχεδὸν[7] γὰρ ὡς τὰ ἔθνη ἀφιέρωσαν[8] αὐτὸν ἐν τῷ ναῷ. ἀλλὰ πῶς λέγει Κύριος καταργῶν[9] αὐτόν; μάθετε·[10] Τίς ἐμέτρησεν[11] τὸν οὐρανὸν σπιθαμῇ[12] ἢ τὴν γῆν δρακί;[13] οὐκ ἐγώ, λέγει Κύριος; Ὁ οὐρανός μοι θρόνος, ἡ δὲ γῆ ὑποπόδιον[14] τῶν ποδῶν μου· ποῖον οἶκον οἰκοδομήσετέ μοι, ἢ τίς τόπος τῆς καταπαύσεώς[15] μου; ἐγνώκατε ὅτι ματαία[16] ἡ ἐλπὶς αὐτῶν. **3** πέρας[17] γέ[18] τοι[19] πάλιν λέγει· Ἰδοὺ οἱ καθελόντες[20] τὸν ναὸν τοῦτον, αὐτοὶ αὐτὸν οἰκοδομήσουσιν. **4** γίνεται. διὰ γὰρ τὸ πολεμεῖν[21] αὐτοὺς καθῃρέθη[22] ὑπὸ τῶν ἐχθρῶν, νῦν καὶ αὐτοὶ οἱ τῶν ἐχθρῶν ὑπηρέται[23] ἀνοικοδομήσουσιν[24] αὐτόν. **5** πάλιν ὡς ἔμελλεν ἡ πόλις καὶ ὁ ναὸς καὶ ὁ λαὸς Ἰσραὴλ παραδίδοσθαι, ἐφανερώθη.

---

[1] καταπαύω aor act ptcp m.s.nom., rest
[2] ὄγδοος, η, ον, eighth
[3] ὄγδοος, η, ον, eighth
[4] εὐφροσύνη, ης, ἡ, joy
[5] ταλαίπωρος, ον, miserable, wretched
[6] οἰκοδομή, ῆς, ἡ, building
[7] σχεδόν, adv, nearly, almost
[8] ἀφιερόω aor act ind 3p, consecrate
[9] καταργέω pres act ptcp m.s.nom., abolish, wipe out
[10] μανθάνω aor act impv 2p, learn
[11] μετρέω aor act ind 3s, measure
[12] σπιθαμή, ῆς, ἡ, span
[13] δράξ, δρακός, ἡ, hand
[14] ὑποπόδιον, ου, τό, footstool
[15] κατάπαυσις, εως, ἡ, rest
[16] μάταιος, αία, αιον, idle, empty, fruitless
[17] πέρας, adv, finally, in conclusion
[18] γέ, conj, at least, even, indeed
[19] τοί, surely
[20] καθαιρέω aor act ptcp m.p.nom., tear down, destroy
[21] πολεμέω pres act inf, wage war
[22] καθαιρέω aor pass ind 3s, tear down, destroy
[23] ὑπηρέτης, ου, ὁ, helper, assistant
[24] ἀνοικοδομέω fut act ind 3p, build up again

λέγει γὰρ ἡ γραφή· Καὶ ἔσται ἐπ' ἐσχάτων τῶν ἡμερῶν, καὶ παραδώσει Κύριος τὰ πρόβατα τῆς νομῆς[1] καὶ τὴν μάνδραν[2] καὶ τὸν πύργον[3] αὐτῶν εἰς καταφθοράν.[4] καὶ ἐγένετο καθ' ἃ ἐλάλησεν Κύριος. 6 ζητήσωμεν δὲ εἰ ἔστιν ναὸς Θεοῦ. ἔστιν, ὅπου αὐτὸς λέγει ποιεῖν καὶ καταρτίζειν.[5] γέγραπται γάρ· Καὶ ἔσται τῆς ἑβδομάδος[6] συντελουμένης,[7] οἰκοδομηθήσεται ναὸς Θεοῦ ἐνδόξως[8] ἐπὶ τῷ ὀνόματι Κυρίου. 7 εὑρίσκω οὖν ὅτι ἔστιν ναός. πῶς οὖν οἰκοδομηθήσεται ἐπὶ τῷ ὀνόματι Κυρίου; μάθετε·[9] πρὸ τοῦ ἡμᾶς πιστεῦσαι τῷ Θεῷ ἦν ἡμῶν τὸ κατοικητήριον[10] τῆς καρδίας φθαρτὸν[11] καὶ ἀσθενές,[12] ὡς ἀληθῶς[13] οἰκοδομητὸς[14] ναὸς διὰ χειρός, ὅτι ἦν πλήρης[15] μὲν εἰδωλολατρείας[16] καὶ ἦν οἶκος δαιμονίων, διὰ τὸ ποιεῖν ὅσα ἦν ἐναντία[17] τῷ Θεῷ. 8 Οἰκοδομηθήσεται δὲ ἐπὶ τῷ ὀνόματι Κυρίου. προσέχετε[18] δέ, ἵνα ὁ ναὸς τοῦ Κυρίου ἐνδόξως[19] οἰκοδομηθῇ. πῶς; μάθετε·[20] λαβόντες τὴν ἄφεσιν[21] τῶν ἁμαρτιῶν καὶ ἐλπίσαντες ἐπὶ τὸ ὄνομα ἐγενόμεθα καινοί, πάλιν ἐξ ἀρχῆς κτιζόμενοι·[22] διὸ ἐν τῷ κατοικητηρίῳ[23] ἡμῶν ἀληθῶς[24] ὁ Θεὸς κατοικεῖ ἐν ἡμῖν. 9 πῶς; ὁ λόγος αὐτοῦ τῆς

---

[1] νομή, ῆς, ἡ, pasturage
[2] μάνδρα, ας, ἡ, sheep-fold
[3] πύργος, ου, ὁ, tower
[4] καταφθορά, ᾶς, ἡ, destruction, downfall, corruption
[5] καταρτίζω pres act inf, prepare, make
[6] ἑβδομάς, άδος, ἡ, week
[7] συντελέω pres mid/pass ptcp f.s.gen., carry out, fulfill, accomplish
[8] ἐνδόξως, adv, in splendor
[9] μανθάνω aor act impv 2p, learn
[10] κατοικητήριον, ου, τό, dwelling-place
[11] φθαρτός, ή, όν, perishable
[12] ἀσθενής, ές, weak
[13] ἀληθῶς, adv, truly
[14] οἰκοδομητός, ή, όν, built
[15] πλήρης, ες, full, complete
[16] εἰδωλολατρία, ας, ἡ, image-worship, idolatry
[17] ἐναντίος, α, ον, opposed, contrary
[18] προσέχω pres act impv 2p, care for
[19] ἐνδόξως, adv, in splendor
[20] μανθάνω aor act impv 2p, learn
[21] ἄφεσις, έσεως, ἡ, pardon, cancellation
[22] κτίζω pres act ptcp m.p.nom., create
[23] κατοικητήριον, ου, τό, dwelling-place
[24] ἀληθῶς, adv, truly

πίστεως, ἡ κλῆσις¹ αὐτοῦ τῆς ἐπαγγελίας, ἡ σοφία τῶν δικαιωμάτων,² αἱ ἐντολαὶ τῆς διδαχῆς, αὐτὸς ἐν ἡμῖν προφητεύων,³ αὐτὸς ἐν ἡμῖν κατοικῶν, τοῖς τῷ θανάτῳ δεδουλωμένοις⁴ ἀνοίγων ἡμῖν τὴν θύραν τοῦ ναοῦ, ὅ ἐστιν στόμα, μετάνοιαν⁵ διδοὺς ἡμῖν εἰσάγει⁶ εἰς τὸν ἄφθαρτον⁷ ναόν. **10** ὁ γὰρ ποθῶν⁸ σωθῆναι βλέπει οὐκ εἰς τὸν ἄνθρωπον ἀλλ᾽ εἰς τὸν ἐν αὐτῷ κατοικοῦντα καὶ λαλοῦντα, ἐπ᾽ αὐτῷ ἐκπλησσόμενος⁹ ἐπὶ τῷ μηδέποτε¹⁰ μήτε τοῦ λέγοντος τὰ ῥήματα ἀκηκοέναι ἐκ τοῦ στόματος μήτε αὐτός ποτε¹¹ ἐπιτεθυμηκέναι¹² ἀκούειν. τοῦτό ἐστιν πνευματικὸς¹³ ναὸς οἰκοδομούμενος τῷ Κυρίῳ.

17:1 Ἐφ᾽ ὅσον ἦν ἐν δυνατῷ καὶ ἁπλότητι¹⁴ δηλῶσαι¹⁵ ὑμῖν, ἐλπίζει μου ἡ ψυχὴ τῇ ἐπιθυμίᾳ μου μὴ παραλελοιπέναι¹⁶ τι τῶν ἀνηκόντων¹⁷ εἰς σωτηρίαν. **2** ἐὰν γὰρ περὶ τῶν ἐνεστώτων¹⁸ ἢ μελλόντων γράφω ὑμῖν, οὐ μὴ νοήσητε¹⁹ διὰ τὸ ἐν παραβολαῖς κεῖσθαι.²⁰ ταῦτα μὲν οὕτως.

---

[1] κλῆσις, εως, ἡ, call, calling, invitation
[2] δικαίωμα, ατος, τό, regulation, righteous deed
[3] προφητεύω pres act ptcp m.s.nom., prophesy
[4] δουλόω perf mid/pass ptcp m.p.dat., cause to be like a slave
[5] μετάνοια, ας, ἡ, repentance
[6] εἰσάγω pres act ind 3s, bring in, lead in
[7] ἄφθαρτος, ον, imperishable, incorruptible
[8] ποθέω pres act ptcp m.s.nom., desire, wish (for)
[9] ἐκπλήσσω pres mid/pass ptcp m.s.nom., amaze, astound
[10] μηδέποτε, adv, never
[11] ποτέ, conj, once, formerly
[12] ἐπιθυμέω perf act inf, desire, long for
[13] πνευματικός, ή, όν, spiritual
[14] ἁπλότης, ητος, ἡ, simplicity, sincerity
[15] δηλόω aor act inf, explain, clarify
[16] παραλείπω perf act inf, leave out, omit
[17] ἀνήκω pres act ptcp n.p.gen., refer, relate
[18] ἐνίστημι perf act ptcp n.p.gen., be now, happen now
[19] νοέω aor act sub 2p, perceive, apprehend, understand
[20] κεῖμαι pres mid/pass inf, occur, appear, be found

18:1 Μεταβῶμεν¹ δὲ καὶ ἐπὶ ἑτέραν γνῶσιν² καὶ διδαχήν. Ὁδοὶ δύο εἰσὶν διδαχῆς καὶ ἐξουσίας, ἥ τε τοῦ φωτὸς καὶ ἡ τοῦ σκότους· διαφορὰ³ δὲ πολλὴ τῶν δύο ὁδῶν. ἐφ' ἧς μὲν γάρ εἰσιν τεταγμένοι⁴ φωταγωγοὶ⁵ ἄγγελοι τοῦ Θεοῦ, ἐφ' ἧς δὲ ἄγγελοι τοῦ Σατανᾶ. **2** καὶ ὁ μέν ἐστιν Κύριος ἀπὸ αἰώνων καὶ εἰς τοὺς αἰῶνας, ὁ δὲ ἄρχων καιροῦ τοῦ νῦν τῆς ἀνομίας.⁶

19:1 Ἡ οὖν ὁδὸς τοῦ φωτός ἐστιν αὕτη· ἐάν τις θέλων ὁδὸν ὁδεύειν⁷ ἐπὶ τὸν ὡρισμένον⁸ τόπον σπεύσῃ⁹ τοῖς ἔργοις αὐτοῦ. ἔστιν οὖν ἡ δοθεῖσα ἡμῖν γνῶσις¹⁰ τοῦ περιπατεῖν ἐν αὐτῇ τοιαύτη· **2** Ἀγαπήσεις τὸν ποιήσαντά σε, φοβηθήσῃ τόν σε πλάσαντα,¹¹ δοξάσεις τόν σε λυτρωσάμενον¹² ἐκ θανάτου. ἔσῃ ἁπλοῦς¹³ τῇ καρδίᾳ καὶ πλούσιος¹⁴ τῷ πνεύματι. οὐ κολληθήσῃ¹⁵ μετὰ τῶν πορευομένων ἐν ὁδῷ θανάτου, μισήσεις πᾶν ὃ οὐκ ἔστιν ἀρεστὸν¹⁶ τῷ Θεῷ, μισήσεις πᾶσαν ὑπόκρισιν·¹⁷ οὐ μὴ ἐγκαταλίπῃς¹⁸ ἐντολὰς Κυρίου. **3** οὐχ ὑψώσεις¹⁹ σεαυτόν, ἔσῃ δὲ ταπεινόφρων²⁰ κατὰ πάντα. οὐκ ἀρεῖς ἐπὶ σεαυτὸν δόξαν. οὐ λήμψῃ βουλὴν²¹ πονηρὰν κατὰ τοῦ πλησίον²² σου. οὐ δώσεις τῇ

---

¹ μεταβαίνω aor act sub 1p, pass over, pass on
² γνῶσις, εως, ἡ, knowledge
³ διαφορά, ᾶς, ἡ, difference
⁴ τάσσω perf mid/pass ptcp m.p.nom., arrange, put in place
⁵ φωταγωγός, ον, light-bringing, light-giving
⁶ ἀνομία, ας, ἡ, lawlessness
⁷ ὁδεύω pres act inf, go, travel
⁸ ὁρίζω perf mid/pass ptcp m.s.acc., determine, appoint
⁹ σπεύδω aor act sub 3s, be zealous, exert oneself
¹⁰ γνῶσις, εως, ἡ, knowledge
¹¹ πλάσσω aor act ptcp m.s.acc., form, mold
¹² λυτρόω aor mid ptcp m.s.acc., set free, rescue, redeem
¹³ ἁπλοῦς, ῆ, οῦν, without guile, sincere
¹⁴ πλούσιος, ία, ιον, rich
¹⁵ κολλάω fut pass ind 2s, cling to, attach to
¹⁶ ἀρεστός, ή, όν, pleasing
¹⁷ ὑπόκρισις, εως, ἡ, pretense, hypocrisy
¹⁸ ἐγκαταλείπω aor act sub 2s
¹⁹ ὑψόω fut act ind 2s, exalt
²⁰ ταπεινόφρων, ον, humble
²¹ βουλή, ῆς, ἡ, plan, purpose
²² πλησίον, subst: neighbor

ψυχῇ σου θράσος.[1] **4** οὐ πορνεύσεις,[2] οὐ μοιχεύσεις,[3] οὐ παιδοφθορήσεις.[4] οὐ μή σου ὁ λόγος τοῦ Θεοῦ ἐξέλθῃ ἐν ἀκαθαρσίᾳ[5] τινῶν. οὐ λήμψῃ πρόσωπον ἐλέγξαι[6] τινὰ ἐπὶ παραπτώματι.[7] ἔσῃ πραΰς,[8] ἔσῃ ἡσύχιος,[9] ἔσῃ τρέμων[10] τοὺς λόγους οὓς ἤκουσας. οὐ μνησικακήσεις[11] τῷ ἀδελφῷ σου. **5** οὐ μὴ διψυχήσῃς[12] πότερον[13] ἔσται ἢ οὔ. οὐ μὴ λάβῃς ἐπὶ ματαίῳ[14] τὸ ὄνομα Κυρίου. ἀγαπήσεις τὸν πλησίον[15] σου ὑπὲρ τὴν ψυχήν σου. οὐ φονεύσεις[16] τέκνον ἐν φθορᾷ,[17] οὐδὲ πάλιν γεννηθὲν ἀποκτενεῖς. οὐ μὴ ἄρῃς τὴν χεῖρά σου ἀπὸ τοῦ υἱοῦ σου ἢ ἀπὸ τῆς θυγατρός[18] σου, ἀλλὰ ἀπὸ νεότητος[19] διδάξεις φόβον Θεοῦ. **6** οὐ μὴ γένῃ ἐπιθυμῶν[20] τὰ τοῦ πλησίον[21] σου, οὐ μὴ γένῃ πλεονέκτης.[22] οὐδὲ κολληθήσῃ[23] ἐκ ψυχῆς σου μετὰ ὑψηλῶν,[24] ἀλλὰ μετὰ ταπεινῶν[25] καὶ δικαίων ἀναστραφήσῃ.[26] τὰ συμβαίνοντά[27] σοι ἐνεργήματα[28] ὡς ἀγαθὰ προσδέξῃ,[29] εἰδὼς ὅτι

---

[1] θράσος, ους, τό, arrogance, shamelessness
[2] πορνεύω fut act ind 2s, engage in illicit sex, fornicate
[3] μοιχεύω fut act ind 2s, commit adultery
[4] παιδοφθορέω fut act ind 2s, commit sodomy
[5] ἀκαθαρσία, ας, ἡ, refuse, immorality
[6] ἐλέγχω aor act inf, reprove, correct
[7] παράπτωμα, ατος τό, offense, wrongdoing
[8] πραΰς, πραεῖα, πραΰ, gentle, humble
[9] ἡσύχιος, ον, quiet, well-ordered
[10] τρέμω pres act ptcp m.s.nom., tremble, be in awe
[11] μνησικακέω fut act ind 2s, remember evil, bear malice
[12] διψυχέω aor act sub 2s, be undecided, be changeable, doubt
[13] πότερος, α, ον, whether
[14] μάταιος, αία, αιον, idle, empty, fruitless
[15] πλησίον, subst: neighbor
[16] φονεύω fut act ind 2s, murder, kill
[17] φθορά, ᾶς, ἡ, abortion
[18] θυγάτηρ, τρός, ἡ, daughter
[19] νεότης, τητος, ἡ, youth
[20] ἐπιθυμέω pres act ptcp m.s.nom., desire, long for
[21] πλησίον, subst: neighbor
[22] πλεονέκτης, ου, ὁ, greedy person
[23] κολλάω fut pass ind 2s, cling to, attach to
[24] ὑψηλός, ή, όν, noble
[25] ταπεινός, ή, όν, lowly, humble
[26] ἀναστρέφω fut pass ind 2s, associate with
[27] συμβαίνω pres act ptcp n.p.acc., happen, come about
[28] ἐνέργημα, ατος, τό, experience
[29] προσδέχομαι fut mid ind 2s, welcome, receive

ἄνευ¹ Θεοῦ οὐδὲν γίνεται. **7** οὐκ ἔσῃ διγνώμων² οὐδὲ δίγλωσσος.³ ὑποταγήσῃ Κυρίοις ὡς τύπῳ⁴ Θεοῦ ἐν αἰσχύνῃ⁵ καὶ φόβῳ. οὐ μὴ ἐπιτάξῃς⁶ δούλῳ σου ἢ παιδίσκῃ⁷ ἐν πικρίᾳ,⁸ τοῖς ἐπὶ τὸν αὐτὸν Θεὸν ἐλπίζουσιν, μήποτε⁹ οὐ μὴ φοβηθήσονται τὸν ἐπ' ἀμφοτέροις¹⁰ Θεόν, ὅτι ἦλθεν οὐ κατὰ πρόσωπον καλέσαι, ἀλλ' ἐφ' οὓς τὸ πνεῦμα ἡτοίμασεν. **8** κοινωνήσεις¹¹ ἐν πᾶσιν τῷ πλησίον¹² σου, καὶ οὐκ ἐρεῖς ἴδια εἶναι. εἰ γὰρ ἐν τῷ ἀφθάρτῳ¹³ κοινωνοί¹⁴ ἐστε, πόσῳ¹⁵ μᾶλλον ἐν τοῖς φθαρτοῖς.¹⁶ οὐκ ἔσῃ πρόγλωσσος,¹⁷ παγὶς¹⁸ γὰρ τὸ στόμα θανάτου. ὅσον δύνασαι ὑπὲρ τῆς ψυχῆς σου ἁγνεύσεις.¹⁹ **9** μὴ γίνου πρὸς μὲν τὸ λαβεῖν ἐκτείνων²⁰ τὰς χεῖρας, πρὸς δὲ τὸ δοῦναι συσπῶν.²¹ ἀγαπήσεις ὡς κόρην²² τοῦ ὀφθαλμοῦ σου πάντα τὸν λαλοῦντά σοι τὸν λόγον Κυρίου. **10** μνησθήσῃ²³ ἡμέραν κρίσεως νυκτὸς καὶ ἡμέρας, καὶ ἐκζητήσεις²⁴ καθ' ἑκάστην ἡμέραν τὰ πρόσωπα τῶν ἁγίων, ἢ διὰ λόγου κοπιῶν²⁵ καὶ πορευόμενος εἰς τὸ παρακαλέσαι καὶ μελετῶν²⁶ εἰς τὸ σῶσαι ψυχὴν τῷ λόγῳ, ἢ διὰ τῶν χειρῶν σου

---

[1] ἄνευ, prep, without
[2] διγνώμων, ον, double-minded, fickle
[3] δίγλωσσος, ον, insincere, deceitful
[4] τύπος, ου, ὁ, type
[5] αἰσχύνη, ης, ἡ, modesty
[6] ἐπιτάσσω aor act sub 2s, order, command
[7] παιδίσκη, ης, ἡ, female slave
[8] πικρία, ας, ἡ, anger, harshness
[9] μήποτε, conj, lest
[10] ἀμφότεροι, αι, α, both
[11] κοινωνέω fut act ind 2s, give a share, contribute a share
[12] πλησίον, subst: neighbor
[13] ἄφθαρτος, ον, imperishable, incorruptible
[14] κοινωνός, οῦ, ὁ and ἡ, companion, partner, sharer
[15] πόσος, η, ον, how great
[16] φθαρτός, ή, όν, perishable
[17] πρόγλωσσος, ον, hasty of tongue, talkative
[18] παγίς, ίδος, ἡ, trap, snare
[19] ἁγνεύω fut act ind 2s, be pure
[20] ἐκτείνω pres act ptcp m.s.nom., stretch out
[21] συσπάω pres act ptcp m.s.nom., draw together
[22] κόρη, ης, ἡ, pupil
[23] μιμνήσκομαι fut pass sub 2s, remember
[24] ἐκζητέω fut act ind 2s, seek out, search for
[25] κοπιάω, pres act ptcp m.s.nom., work hard, toil
[26] μελετάω pres act ptcp m.s.nom., take care, endeavor

ἐργάσῃ εἰς λύτρον[1] ἁμαρτιῶν σου. **11** οὐ διστάσεις[2] δοῦναι οὐδὲ διδοὺς γογγύσεις,[3] γνώσῃ δὲ τίς ὁ τοῦ μισθοῦ[4] καλὸς ἀνταποδότης.[5] φυλάξεις ἃ παρέλαβες, μήτε προστιθεὶς[6] μήτε ἀφαιρῶν.[7] εἰς τέλος μισήσεις τὸν πονηρόν. κρινεῖς δικαίως.[8] **12** οὐ ποιήσεις σχίσμα,[9] εἰρηνεύσεις[10] δὲ μαχομένους[11] συναγαγών. ἐξομολογήσῃ[12] ἐπὶ ἁμαρτίαις σου. οὐ προσήξεις[13] ἐπὶ προσευχὴν ἐν συνειδήσει πονηρᾷ. αὕτη ἐστὶν ἡ ὁδὸς τοῦ φωτός.

20:1 Ἡ δὲ τοῦ μέλανος[14] ὁδός ἐστιν σκολιὰ[15] καὶ κατάρας[16] μεστή.[17] ὁδὸς γάρ ἐστιν θανάτου αἰωνίου μετὰ τιμωρίας,[18] ἐν ᾗ ἐστιν τὰ ἀπολλύντα τὴν ψυχὴν αὐτῶν· εἰδωλολατρεία,[19] θρασύτης,[20] ὕψος[21] δυνάμεως, ὑπόκρισις,[22] διπλοκαρδία,[23] μοιχεία,[24] φόνος,[25] ἁρπαγή,[26] ὑπερηφανία,[27] παράβασις,[28]

---

[1] λύτρον, ου, τό, price of release, ransom
[2] διστάζω fut act ind 2s, hesitate
[3] γογγύζω fut act ind 2s, grumble, murmur
[4] μισθός, οῦ, ὁ, pay, wages
[5] ἀνταποδότης, ου, ὁ, recompenser, paymaster
[6] προστίθημι pres act ptcp m.s.nom., add, put to
[7] ἀφαιρέω pres act ptcp m.s.nom., take away
[8] δικαίως, adv, justly
[9] σχίσμα, ατος, τό, division, dissension
[10] εἰρηνεύω fut act ind 2s, reconcile
[11] μάχομαι pres mid/pass ptcp m.p.acc., fight, quarrel
[12] ἐξομολογέω fut mid ind 2s, confess, admit
[13] προσήκω fut act ind 2s, come to, approach
[14] μέλας, μέλαινα, μέλαν, black
[15] σκολιός, ά, όν, crooked
[16] κατάρα, ας, ἡ, curse, imprecation
[17] μεστός, ή, όν, filled with
[18] τιμωρία, ας, ἡ, punishment
[19] εἰδωλολατρία, ας, ἡ, image-worship, idolatry
[20] θρασύτης, ητος, ἡ, boldness, arrogance
[21] ὕψος, ους, τό, pride, arrogance
[22] ὑπόκρισις, εως, ἡ, pretense, hypocrisy
[23] διπλοκαρδία, ας, ἡ, duplicity
[24] μοιχεία, ας, ἡ, adultery
[25] φόνος, ου, ὁ, murder, killing
[26] ἁρπαγή, ῆς, ἡ, robbery, plunder
[27] ὑπερηφανία, ας, ἡ, arrogance, haughtiness
[28] παράβασις, εως, ἡ, transgression

δόλος,[1] κακία,[2] αὐθάδεια,[3] φαρμακεία,[4] μαγεία,[5] πλεονεξία,[6] ἀφοβία[7] Θεοῦ. **2** διῶκται[8] τῶν ἀγαθῶν, μισοῦντες ἀλήθειαν, ἀγαπῶντες ψεῦδος,[9] οὐ γινώσκοντες μισθὸν[10] δικαιοσύνης, οὐ κολλώμενοι[11] ἀγαθῷ, οὐ κρίσει δικαίᾳ, χήρᾳ[12] καὶ ὀρφανῷ[13] οὐ προσέχοντες,[14] ἀγρυπνοῦντες[15] οὐκ εἰς φόβον Θεοῦ, ἀλλὰ ἐπὶ τὸ πονηρόν, ὧν μακρὰν[16] καὶ πόρρω[17] πραΰτης[18] καὶ ὑπομονή, ἀγαπῶντες μάταια,[19] διώκοντες ἀνταπόδομα,[20] οὐκ ἐλεοῦντες[21] πτωχόν, οὐ πονοῦντες[22] ἐπὶ καταπονουμένῳ,[23] εὐχερεῖς[24] ἐν καταλαλιᾷ,[25] οὐ γινώσκοντες τὸν ποιήσαντα αὐτούς, φονεῖς[26] τέκνων, φθορεῖς[27] πλάσματος[28] Θεοῦ, ἀποστρεφόμενοι[29] τὸν

---

[1] δόλος, ου, ὁ, deceit, cunning
[2] κακία, ας, ἡ, depravity, wickedness
[3] αὐθάδεια, ας, ἡ, arrogance, willfulness
[4] φαρμακεία, ας, ἡ, sorcery, magic
[5] μαγεία, ας, ἡ, magic
[6] πλεονεξία, ας, ἡ, greediness, insatiableness
[7] ἀφοβία, ας, ἡ, lack of reverence
[8] διώκτης, ου, ὁ, persecutor
[9] ψεῦδος, ους, τό, lie, falsehood
[10] μισθός, οῦ, ὁ, pay, wages
[11] κολλάω pres mid/pass ptcp m.p.nom., cling to, attach to
[12] χήρα, ας, ἡ, widow
[13] ὀρφανός, ή, όν, orphan
[14] προσέχω pres act ptcp m.p.nom., care for
[15] ἀγρυπνέω pres act ptcp m.p.nom., look after, care for
[16] μακράν, adv, far (away)
[17] πόρρω, adv, far (away)
[18] πραΰτης, ητος, ἡ, gentleness, humility
[19] μάταιος, αία, αιον, idle, empty, fruitless
[20] ἀνταπόδομα, ατος, τό, repayment, reward
[21] ἐλεέω pres act ptcp m.p.nom., have compassion, have mercy, pity
[22] πονέω pres act ptcp m.p.nom., toil, undergo trouble
[23] καταπονέω pres mid/pass ptcp m.s.dat., subdue, torment, wear out, oppress
[24] εὐχερής, ές, ους, easily inclined, prone
[25] καταλαλιά, ᾶς, ἡ, evil speech, slander
[26] φονεύς, έως, ὁ, murderer
[27] φθορεύς, έως, ὁ, seducer
[28] πλάσμα, ατος, τό, image, figure
[29] ἀποστρέφω pres mid/pass ptcp m.p.nom., reject, repudiate

ἐνδεόμενον,[1] καταπονοῦντες[2] τὸν θλιβόμενον,[3] πλουσίων[4] παράκλητοι,[5] πενήτων[6] ἄνομοι[7] κριταί,[8] πανταμάρτητοι.

21:1 Καλὸν οὖν ἐστίν, μαθόντα[9] τὰ δικαιώματα[10] τοῦ Κυρίου ὅσα γέγραπται, ἐν τούτοις περιπατεῖν. ὁ γὰρ ταῦτα ποιῶν ἐν τῇ βασιλείᾳ τοῦ Θεοῦ δοξασθήσεται· ὁ ἐκεῖνα ἐκλεγόμενος[11] μετὰ τῶν ἔργων αὐτοῦ συναπολεῖται.[12] διὰ τοῦτο ἀνάστασις, διὰ τοῦτο ἀνταπόδομα.[13] **2** Ἐρωτῶ τοὺς ὑπερέχοντας,[14] εἴ τινά μου γνώμης[15] ἀγαθῆς λαμβάνετε συμβουλίαν·[16] ἔχετε μεθ' ἑαυτῶν εἰς οὓς ἐργάσεσθε τὸ καλόν· μὴ ἐλλείπητε.[17] **3** ἐγγὺς ἡ ἡμέρα ἐν ᾗ συναπολεῖται[18] πάντα τῷ πονηρῷ. ἐγγὺς ὁ Κύριος καὶ ὁ μισθὸς[19] αὐτοῦ. **4** ἔτι καὶ ἔτι ἐρωτῶ ὑμᾶς· ἑαυτῶν γίνεσθε νομοθέται[20] ἀγαθοί, ἑαυτῶν μένετε σύμβουλοι[21] πιστοί, ἄρατε ἐξ ὑμῶν πᾶσαν ὑπόκρισιν.[22] **5** ὁ δὲ Θεός, ὁ τοῦ παντὸς κόσμου

---

[1] ἐνδέω pres mid/pass ptcp m.s.acc., be in want
[2] καταπονέω pres mid/pass ptcp m.p.nom., subdue, torment, wear out, oppress
[3] θλίβω pres mid/pass ptcp m.s.acc., oppress, afflict
[4] πλούσιος, ία, ιον, rich
[5] παράκλητος, ου, ὁ, mediator, intercessor
[6] πένης, ητος, poor, needy
[7] ἄνομος, ον, lawless
[8] κριτής, οῦ, ὁ, judge
[9] μανθάνω aor act ptcp m.s.acc., learn
[10] δικαίωμα, ατος, τό, regulation, righteous deed
[11] ἐκλέγομαι pres mid/pass ptcp m.s.nom., select someone or something for oneself
[12] συναπόλλυμι fut mid ind 3s, destroy with
[13] ἀνταπόδομα, ατος, τό, recompense
[14] ὑπερέχω pres act ptcp m.p.acc., have power over, be in authority (over), be highly placed
[15] φθορεύς, έως, ὁ, seducer
[16] συμβουλία, ας, ἡ, advice, counsel
[17] ἐλλείπω pres mid/pass sub 2p, leave off
[18] συναπόλλυμι fut mid ind 3s, destroy with
[19] μισθός, οῦ, ὁ, pay, wages
[20] νομοθέτης, ου, ὁ, lawgiver
[21] σύμβουλος, ου, ὁ, adviser, counsellor
[22] ὑπόκρισις, εως, ἡ, pretense, hypocrisy

κυριεύων,[1] δώῃ ὑμῖν σοφίαν, σύνεσιν,[2] ἐπιστήμην,[3] γνῶσιν[4] τῶν δικαιωμάτων[5] αὐτοῦ, ὑπομονήν. **6** γίνεσθε δὲ Θεοδίδακτοι,[6] ἐκζητοῦντες[7] τί ζητεῖ Κύριος ἀφ' ὑμῶν, καὶ ποιεῖτε ἵνα εὑρεθῆτε ἐν ἡμέρᾳ κρίσεως. **7** εἰ δέ τίς ἐστιν ἀγαθοῦ μνεῖα,[8] μνημονεύετέ[9] μου μελετῶντες[10] ταῦτα, ἵνα καὶ ἡ ἐπιθυμία καὶ ἡ ἀγρυπνία[11] εἴς τι ἀγαθὸν χωρήσῃ.[12] ἐρωτῶ ὑμᾶς, χάριν αἰτούμενος. **8** ἕως ἔτι τὸ καλὸν σκεῦός[13] ἐστιν μεθ' ὑμῶν, μὴ ἐλλείπητε[14] μηδενὶ ἑαυτῶν, ἀλλὰ συνεχῶς[15] ἐκζητεῖτε[16] ταῦτα καὶ ἀναπληροῦτε[17] πᾶσαν ἐντολήν, ἔστιν γὰρ ἄξια. **9** διὸ μᾶλλον ἐσπούδασα[18] γράψαι ἀφ' ὧν ἠδυνήθην, εἰς τὸ εὐφρᾶναι[19] ὑμᾶς. Σώζεσθε, ἀγάπης τέκνα καὶ εἰρήνης. ὁ Κύριος τῆς δόξης καὶ πάσης χάριτος μετὰ τοῦ πνεύματος ὑμῶν.

---

[1] κυριεύω pres act ptcp m.s.nom., rule
[2] σύνεσις, εως, ἡ, intelligence, insight
[3] ἐπιστήμη, ης, ἡ, understanding, knowledge
[4] γνῶσις, εως, ἡ, knowledge
[5] δικαίωμα, ατος, τό, regulation, righteous deed
[6] θεοδίδακτος, ον, taught by God
[7] ἐκζητέω pres act ptcp m.p.nom., seek out, search for
[8] μνεία, ας, ἡ, remembrance, memory
[9] μνημονεύω pres act impv 2p, remember, keep in mind
[10] μελετάω pres act ptcp m.p.nom., practice, cultivate
[11] ἀγρυπνία, ας, ἡ, care
[12] χωρέω aor act sub 3s, go, reach
[13] σκεῦος, ους, τό, vessel
[14] ἐλλείπω pres mid/pass sub 2p, leave off
[15] συνεχῶς, adv, continually, unremittingly
[16] ἐκζητέω pres act impv 2p, seek out, search for
[17] ἀναπληρόω pres act impv 2p, fulfill
[18] σπουδάζω aor act ind 1s, be zealous, be eager
[19] εὐφραίνω aor act inf, gladden, cheer (up)

Additional Resources for Further Study

Didache Beginning

Draper, Jonathan A. "The *Didache*." Pages 13-20 in *The Writings of the Apostolic Fathers*, edited by Paul Foster. London and New York: T&T Clark, 2007.

Jefford, Clayton N. "Locating the Didache." *Forum* 3, no. 1 (2014): 39–68.

Milavec, Aaron. *The Didache: Text, Translation, Analysis, and Commentary*. Collegeville: Liturgical Press, 2004.

O'Loughlin, Thomas. *The Didache: A Window on the Earliest Christians*. Grand Rapids: Baker, 2010.

Didache Intermediate

Giambrone, Anthony. "'According to the Commandment' (Did. 1.5): Lexical Reflections on Almsgiving as 'The Commandment'." *NTS* 60, no. 4 (2014): 448–65.

Draper, Jonathan A. "Eschatology in the Didache." Pages 567-82 in *Eschatology of the New Testament and Some Related Documents*. WUNT 2.315, edited by Jan G. van der Watt. Tübingen: Mohr Siebeck, 2011.

Kloppenborg, John S. "*Didache* 1. 16. 1, James, Matthew, and the Torah." Pages 193-221 in *Trajectories through the New Testament and the Apostolic Fathers*, vol. 2 of *The New Testament and the Apostolic Fathers*, edited by Andrew Gregory and Christopher Tuckett, Oxford: Oxford University Press, 2005.

Milavec, Aaron. *The Didache: Faith, Hope, and Life of the Earliest Christian Communities, 50–70 C.E.* Mahwah, NJ: Paulist Press, 2003.

Niederwimmer, Kurt. *The Didache: A Commentary*. Edited by Harold W. Attridge. Translated by Linda M. Maloney. Minneapolis: Fortress Press, 1998.

Pardee, Nancy. "Visualizing the Christian Community at Antioch." *Forum* 3, no. 1 (2014): 69–90.

Tuckett, Christopher. "The *Didache* and the Writings That Later Formed the New Testament." Pages 83-127 in *The Reception of the New Testament in the Apostolic Fathers*, vol. 1 of *The New Testament and the Apostolic Fathers*, edited by Andrew Gregory and Christopher Tuckett. Oxford: Oxford University Press, 2005.

Didache Advanced

Jefford, Clayton N., ed. *The Didache in Context: Essays on Its Text, History, and Transmission*. NovTSup 77. Leiden: Brill, 1995.

Koch, Dietrich-Alex. "Die Debatte über den Titel der 'Didache'." *ZNW* 105, no. 2 (2014): 264–88.

Myllykoski, Matti. *Ohne Dekret: das Götzenopferfleisch und die Frühgeschichte der Didache*. WUNT 1.280. Tübingen: Mohr Siebeck, 2011.

Pardee, Nancy. *The Genre and Development of the Didache: A Test-Linguistic Analysis*. WUNT 2.339. Tübingen: Mohr Siebeck, 2004

Sandt, Huub van de and Jürgen K. Zangenberg, eds. *Matthew, James, and Didache: Three Related Documents in Their Jewish and Christian Settings.* Symposium 45. Atlanta: SBL Press, 2008.

Epistle of Barnabas-Beginning

Ferguson, Everett. "Christian and Jewish Baptism According to the Epistle of Barnabas." Pages 207-23 in *Dimensions of Baptism: Biblical and Theological Studies,* edited by Stanley E. Porter and Anthony R. Cross, London and New York: Sheffield Academic Press, 2002.

Loman, Janni. "The Letter of Barnabas in Early Second-Century Egypt." Pages 247-65 in *The Wisdom of Egypt: Jewish, Early Christian, and Gnostic Essays in Honour of Gerard P. Luttikhuizen,* edited by Anthony Hilhorst and Geurt Hendrik van Kooten, Ancient Judaism and early Christianity 59. Leiden and Boston: Brill, 2005.

Carleton Paget, James. "The *Epistle of Barnabas.*" Pages 72-80 in *The Writings of the Apostolic Fathers,* edited by Paul Foster. London and New York: T&T Clark, 2007.

———. "The *Epistle of Barnabas* and the Writings That Later Formed the New Testament." Pages 229-49 in *The Reception of the New Testament in the Apostolic Fathers,* vol. 1 of *The New Testament and the Apostolic Fathers,* edited by Andrew Gregory and Christopher Tuckett. Oxford: Oxford University Press, 2005.

Prostmeier, Ferdinand R. "The Epistle of Barnabas." Pages 27-44 in *Apostolic Fathers: An Introduction*, edited by Wilhelm Pratscher, translated by Elisabeth G. Wolfe. Waco, TX: Baylor University Press, 2010.

Epistle of Barnabas-Intermediate

Draper, Jonathan A. "Barnabas and the Riddle of the Didache Revisited." *JSNT* 17, no. 58 (1995): 89–113.

Menken, Martinus J. J. "Old Testament Quotations in the *Epistle of Barnabas* with Parallels in the New Testament." Pages 295-321 in *Textual History and the Reception of Scripture in Early Christianity*. Septuagint and Cognate Studies 60. Atlanta: SBL Press, 2013.

Rhodes, James N. *The Epistle of Barnabas and the Deuteronomic Tradition: Polemics, Paraenesis, and the Legacy of the Golden-Calf Incident*. WUNT 2.188. Tübingen: Mohr Siebeck, 2004.

———. "The Two Ways Tradition in the Epistle of Barnabas: Revisiting an Old Question." *Catholic Biblical Quarterly* 73, no. 4 (2011): 797–816.

Smith, Julien C. H. "The Epistle of Barnabas and the Two Ways of Teaching Authority." *Vigiliae Christianae* 68, no. 5 (2014): 465–97.

Epistle of Barnabas-Advanced

Carleton Paget, James. *The Epistle of Barnabas: Outlook and Background*. WUNT 2.64. Tübingen: Mohr Siebeck, 1994.

Hvalvik, Raidar. *The Struggle for Scripture and Covenant: The Purpose of the Epistle of Barnabas and Jewish-Christian Competition in the Second Century.* WUNT 2.82. Tübingen: Mohr Siebeck, 1996.

Prigent, Pierre and Robert A. Kraft. *Épitre de Barnabé.* SC 172. Paris: Cerf, 1971.

Prostmeier, Ferdinand R. *Der Barnabasbrief.* KAV 8. Göttingen: Vandenhoeck und Ruprecht, 1999.

Wengst, Klaus. *Tradition und Theologie des Barnabasbriefes.* Arbeiten zur Kirchengeschicte 42. Berlin and New York: de Gruyter, 1971.

Notes

NOTES

Notes

NOTES

www.ingramcontent.com/pod-product-compliance
Lightning Source LLC
Chambersburg PA
CBHW070855050426
42453CB00012B/2214